ENTDECKEN & GENIESSEN

NEW YORK

ESSKULTUR UND LEBENSART · MIT REZEPTEN

Text und Rezepte
CAROLYNN CARREÑO

Fotografie
QUENTIN BACON

Herausgeber
CHUCK WILLIAMS

CHRISTIAN VERLAG

INHALT

EINFÜHRUNG

TYPISCH NEW YORK

ANHANG

REZEPTE

APPETIZERS AND SMALL PLATES

SOUPS AND SALADS

MAIN COURSES

SIDE DISHES

DESSERTS

GET IT
CATWOMAN
tch + swatch
Foot Locker

WACHOVIA
DISCOVER CARD
TDK
CUP NOODLES
NISSIN FOODS
Budweiser
ERNST & YOUNG
CHASE

EINFÜHRUNG

Vom allerersten Hotdog der Stadt bis zur feinen Ente, die heute im Four Seasons am Tisch tranchiert wird, war die Küche New Yorks stets Ausdruck eines kühnen Geistes, der schon die Stadtgründer auszeichnete. Die kulinarische Szene besticht durch Kreativität und größte Offenheit gegenüber internationalen Einflüssen.

DIE KULINARISCHE GESCHICHTE

Für viele ist New York der unangefochtene globale Drehpunkt für Kunst, Kultur, Finanzwelt, Medien und feine Küche. Kaum jemand fragt jedoch nach den Ursprüngen. Schon bei seiner Gründung war New York ein Ort des Freigeistes, der sich nicht selten auch wirtschaftlich auswirkte. Mit den ersten Siedlern aus den Niederlanden prägten risikofreudige Unternehmer die Stadt, loteten den Wert des Neuen und Unbekannten aus. Dies begründete eine Kultur und schließlich auch eine Küche, in der sich die Traditionen der Alten Welt mit den Errungenschaften der Neuen Welt vermischten.

Der kontinuierliche Zustrom von Einwanderern aus der ganzen Welt brachte zudem immer wieder neue Impulse. Bauern und Kaufleute aus Europa wurden zusätzlich durch den Reichtum an natürlichen Ressourcen angelockt – Wälder mit Rotwild, Truthähnen und Wildschweinen sowie Flüsse voller Lachse, Barsche und American Shad (eine Maifischart, die zu den Heringsartigen zählt). Die günstige Lage an der Mündung des Hudson ließ New Amsterdam, wie die Siedlung anfänglich hieß, bald zu einem wichtigen Handelsknotenpunkt werden. Mitte des 17. Jahrhunderts gab es bereits zwei Märkte, und Ende des 18. Jahrhunderts besaß die Stadt sogar ein ganzes System öffentlicher Märkte. Dank des Hafens hatte sich New York zum internationalen Handelszentrum entwickelt und war nach dem Unabhängigkeitskrieg sogar eine Zeit lang die Hauptstadt der neuen Nation.

Als Siedlung von Einwanderern aus aller Welt besaß New York jedoch keine originäre Küche. Unternehmungslustige Gastwirte eröffneten Schankstuben nach englischem Vorbild, und deutsche Einwanderer betrieben Bierschenken und Weinlokale. Zu den Speisen gehörten gekochtes Fleisch und Gemüse sowie Austern. Im New Yorker Hafen gab es sie in solcher Fülle, dass die Hauptbeschäftigung auf Staten Island Austernsammeln hieß – bis 1810 die Austernbestände schließlich geplündert waren.

Die kulinarische Landschaft, die man heute mit New York in Verbindung bringt, entstand im Zuge der Einwanderungswellen um die Mitte des 19. Jahrhunderts. Viele, die damals vor religiöser Verfolgung oder Armut flohen – manchmal sogar ganze Dörfer –, bildeten in der Stadt Enklaven mit eigener Kultur. Die Chinesen, die ab den 1850er-Jahren kamen, boten ihre regionalen Speisen in kleinen, billigen Restaurants an. Mit den irischen Einwanderern, die etwa zur selben Zeit der großen Hungersnot im eigenen Land zu entkommen suchten, entstanden Bierschenken *(porterhouses)* mit selbst gebrautem Bier. Auf diese Einwanderer gehen viele Speisen zurück, die man heute noch mit New York in Verbindung bringt. Die Juden etwa erfanden *pastrami* (gepökeltes, geräuchertes Rindfleisch) und Corned Beef, um Fleisch zu konservieren. Italienische Lebensmittelhändler bereiteten aus ihrem Brotteig Pizzas, die sie in Ziegelöfen backten.

Damals entwickelte sich aber noch ein anderer Zweig der New Yorker Gesellschaft. Anfang des 19. Jahrhunderts boomten die Stahl-, Öl- und Schifffahrtsindustrie und verhalfen den USA zu ihren ersten Millionären, mit denen eine Ära des Prestigekonsums einsetzte. Mittelpunkt des kulinarischen Gesche-

hens war das Delmonico's, das zwei Schweizer Brüder 1827 eröffnet hatten. Es handelte sich um das erste eigenständige Restaurant im Land (also kein Gasthaus), in dem die Gäste à la carte bestellen konnten und die feinste Pariser Küche kennen lernten: gebratene Ente (Tauchenten von der ostamerikanischen Küste), eine Delikatesse jener Zeit, Rebhühner mit Trüffelfüllung und in Sahne gegartes Gemüse. Bald war die Stadt von französischer Lebensart und *cuisine* fasziniert.

Mitglieder der New Yorker High Society nahmen am Tag fünf Mahlzeiten ein und trugen zur Entstehung des Waldorf-Astoria, Café Martin, Sherry's und Astor House bei, in denen nicht selten frühere Angestellte des Delmonico's arbeiteten. Bis zur Prohibition, die 1923 zu seiner Schließung führte, gab das Delmonico's die Richtung vor. Für den britischen Schriftsteller Charles Dickens bereitete man hier sogar ein besonderes Dinner, hatte er sich bei einem früheren Besuch der Stadt doch über die amerikanische Küche beklagt. Nach diesem Festmahl mit über vierzig Gerichten nahm Dickens seine negativen Behauptungen zurück.

New Yorks Liebe zur französischen Küche entflammte nach der Weltausstellung 1939 von Neuem. Als Reaktion auf den beliebten französischen Pavillon der Ausstellung wurde das vielleicht einflussreichste Restaurant in der Geschichte der Stadt eröffnet: Le Pavillion. Pierre Franey, der im Pavillion kochte, war als 60-Minuten-Gourmet der New York Times geradezu legendär. Dank des Pavillion und zahlreicher Nachfolger – La Côte Basque, La Grenouille und La Caravelle – war die französische Küche die *haute cuisine* des New York der 1960er-Jahre.

Damals lernte New York jedoch auch andere internationale »Geschmäcker« kennen, und zwar mit den Kochbüchern von James Beard und Craig Claiborne, einem Kritiker der New York Times. Beide Persönlichkeiten trugen zur Entmystifizierung der *haute cuisine* bei und förderten den Einfluss anderer Landesküchen.

Im Jahr 1959 eröffnete der Restaurantbesitzer Joseph Baum das legendäre Four Seasons in Midtown New York und war mit seinem Konzept einer neuen amerikanischen Küche tonangebend. Im Four Seasons wurden Zutaten und Zubereitungsweisen verschiedener Landesküchen für klassische amerikanische und französische Gerichte kombiniert. Diese bemerkenswerte Neuerung nahm im Grunde schon die moderne *fusion cuisine* vorweg.

Obwohl New York bereits um 1900 als kulinarische Hauptstadt der USA galt, entwickelte die Stadt erst nach dem Zweiten Weltkrieg ein wahrhaft globales kulinarisches Renommee. In den 1940er- und 1950er-Jahren kamen viele Puerto-Ricaner und Afroamerikaner aus dem Süden der USA nach Harlem und brachten neue kulinarische Traditionen mit. Seit den 1970ern stammen die neuen Zuwanderer aus Ländern wie Bangladesch, Korea, Thailand, den Philippinen, Lateinamerika, Pakistan, Haiti und Jamaika. Sie leben in eigenen Stadtvierteln und tragen ihren Teil zur Mainstream-Küche bei. Ehemals exotische Gerichte wie *pad Thai, kimchi* und *empanadas* gehören heute längst zum kulinarischen Vokabular New Yorks.

DIE NEW YORKER KÜCHE HEUTE

Wie alles in New York entwickelt sich auch die Küche der Stadt in rasantem Tempo und basiert doch auf alten Traditionen. Möchte man in den USA wissen, wie die zukünftige Küche der Nation aussieht, muss man einen Blick auf New Yorks kulinarische Szene werfen.

New York zeichnet sich durch stetigen Wandel aus und durch die kreativen Menschen, die hier ihre Spuren hinterlassen. So hat die Stadt schon viele flüchtige kulinarische Trends erlebt. In den 1980er-Jahren mit ihren ungestümen Exzessen vereinten schicke Restaurants wie The Quilted Giraffe französische Zubereitungstechniken mit avantgardistischer Präsentation nach japanischem Vorbild. Im Gotham Bar and Grill, dessen Chefkoch Alfred Portale das »vertical food movement« einleitete, wurden Vorspeisen in Ringformen immer höher geschichtet und gestapelt und kunstvolle Desserts mit Bögen aus gesponnenem Zucker gekrönt.

Eine kulinarische Bewegung der 1980er bestimmt noch heute die New Yorker Küche, und zwar das *comfort food,* dessen Ursprünge im Union Square Café zu suchen sind. Jene reichlichen Portionen bodenständiger Gerichte wie Hackbraten, Brathuhn und Kartoffelbrei waren vielleicht eine Reaktion auf die so beliebte *nouvelle cuisine* oder auch auf den Börsenkrach von 1987. Doch was auch der Auslöser gewesen sein mag, *comfort food* hat sich durchgesetzt. Sogar in den feinsten Restaurants wird heute Kartoffelbrei serviert, und mit einem guten Brathuhn gewinnt man oft mehr Anerkennung als mit der elegantesten französischen Kreation.

Comfort food ist eine Art kulinarischer Revolution, die in den 1970er-Jahren in Kalifornien begann und für die einfache Zubereitung regionaler Saisonprodukte eintrat. In den 1980er-Jahren stellte Jonathan Waxman, der mit Alice Waters Ende der 1970er im Chez Panisse gearbeitet hatte, diese so genannte Revolution im Jams in New York vor. Die Bewegung fand viel Zustimmung. Heute kaufen die besten Küchenchefs der Stadt auf regionalen Bauernmärkten ein und entwickeln ihre Speisekarten mit den Spezialitäten von Long Island, New Jersey und dem Hudson River Valley. Die New Yorker sind stets auf der Suche nach besten Lebensmittelerzeugern. Schnell verbreitet sich die Kunde von einem talentierten neuen Brotbäcker oder Chocolatier in der Stadt, einem Käse- oder Weinerzeuger auf Long Island.

Das raue Klima mag als Nachteil für eine Küche mit regionalen Produkten gelten. Doch die New Yorker lieben den Wechsel der Jahreszeiten und wählen das, was sie kochen und essen, ganz bewusst danach aus. Die jeweiligen Saisonprodukte sind hoch willkommen: zarter Spargel und Rhabarber im Frühjahr, aromatische Strauchtomaten, saftige Pfirsiche und süßer Gemüsemais im Sommer sowie Trauben, Birnen und Quitten im Herbst. An den kurzen kalten Wintertagen genießt man dann herzhafte Bohnensuppen, langsam gegartes Fleisch, karamellisiertes Wurzelgemüse und traditionelle Desserts wie den beliebten Brotauflauf.

Der Wechsel der Jahreszeiten bedingt eine große Vorliebe für Früchte. Das frische Saisonobst wird ungeduldig erwartet und bietet stets neue kulinarische Möglichkeiten. Cocktails, Kuchen und Kompott sind jederzeit auf den Speisekarten zu finden, doch die verwendeten Früchte wechseln mit den Jahreszeiten – von Beeren über Kirschen, Pfirsiche und Pflaumen

bis zu Birnen und Äpfeln. Im Four Seasons wechselt die Fruchtsauce zur Spezialität des Hauses, Long-Island-Ente, wie der Blattschmuck des Restaurants viermal im Jahr.

Trotz der immensen Anziehungskraft immer neuer Trends gilt den klassischen Gerichten der größte Respekt. Man würde selbst die berühmtesten Chefköche misstrauisch beäugen, fänden sich auf ihren Speisekarten nicht einige New Yorker Klassiker. Diese Gerichte beeindrucken durch hochwertige Zutaten und Sorgfalt bei der Zubereitung. So wird Matzenbällchensuppe nicht selten mit Biohuhn bereitet, Makkaroni mit Käse werden mit bestem Vermont-Käse sowie etwas frisch gehobelter Trüffel veredelt, und Käsekuchen erhalten ihre Süße von reinstem Ahornsirup aus dem Staat New York.

Küchenchefs und Gäste haben sich hier stets auf kulinarische Traditionen aus Europa verlassen, um ihre Form der *haute cuisine* zu entwickeln. Auch wenn einige der führenden französischen Restaurants in New York, insbesondere das Lutece, Le Côte Basque und Le Caravelle, ihre Pforten geschlossen haben, schätzt man die französische Küche noch immer. Sämtliche New Yorker Vier-Sterne-Restaurants haben eine französische Küche, und Bistros im französischen Stil findet man in Manhattan fast überall.

Mittlerweile erfreut sich die italienische Küche wachsender Beliebtheit. Neben den italoamerikanischen Restaurants in italienischen Stadtvierteln gibt es heute in der ganzen Stadt Restaurants mit authentischer italienischer Küche. Im Babbo Ristorante e Enoteca in Greenwich Village und dem Beppe nahe am Union Square bereitet man italienische Speisen auf so hochgradig komplexe Weise, wie man das nicht einmal in Italien kennt. Doch genau dies reizt die ebenso anspruchsvollen wie abenteuerlustigen New Yorker.

Aber auch die Bodenständigkeit der New Yorker ist berüchtigt und machte es Strömungen wie der *fusion cuisine* sehr viel schwerer als in anderen Teilen des Landes. Zwar wurden in New York viele dieser neuen Restaurants eröffnet, doch scheinen sie fast alle zu scheitern. Betrachtet man jene, die es geschafft haben, zeigt sich, dass die New Yorker der Vermischung kulinarischer Traditionen gar nicht abgeneigt gegenüberstehen. Allerdings erwarten sie eine gewisse Stabilität. Sie bevorzugen eine Küche, die einer Tradition verbunden ist und nur leise Anklänge anderer Strömungen zeigt. Dies gilt zum Beispiel für das japanisch ausgerichtete Nobu in Tribeca oder für Daniel Bouluds französisches DB Bistro Moderne in Midtown.

Die New Yorker stehen in dem Ruf, kaum zu Hause zu kochen. Doch wenn sie ihre Speisen in der eigenen Küche zubereiten, dann mit viel Geschmack. Am Freitagabend etwa, wenn Besucher von außerhalb die Restaurants der Stadt erobern, isst man mit Vorliebe zu Hause. Laden New Yorker dann zum Essen ein, ist die Speisenfolge wohl überlegt und oft eine echte Herausforderung. Nicht selten nimmt die Zubereitung den ganzen Tag in Anspruch. Manchmal werden sogar Gerichte aus einem Restaurant in der Nähe nachgekocht.

ESSEN GEHEN

Ein Restaurantbesuch ist eine Art von Entertainment. Ob die New Yorker in einer Trattoria um die Ecke essen, im Steakhaus oder im hochgelobten Restaurant eines namhaften Chefkochs – Restaurants sind die Bühne, auf denen sich ihr gesellschaftliches Leben abspielt.

Der bereits verstorbene Joseph Baum, Schöpfer des berühmten Four Seasons, wird gern mit dem Satz zitiert: »Die Menschen kommen nicht in unser Restaurant, weil sie hungrig sind.« Vielmehr strömten die Gäste in Baums Four Seasons und seine vielen anderen Themen-Restaurants, weil dies dem Auftritt auf einer kunstvoll gestalteten Bühne gleichkam. Wer in solch einer Umgebung aß, war Teil einer Theatervorstellung, bei der sich alles um eine innovative, gut zubereitete Küche drehte. Auch heute noch trifft dies für viele der besten Restaurants in New York zu.

Viele New Yorker brauchen keinen besonderen Anlass, um essen zu gehen. Die Wohnungen sind meist klein und zum Kochen und Gästebewirten weniger geeignet. Statt zu Hause trifft man sich mit Freunden in Restaurants, feiert dort Geburtstage, tätigt Geschäftsabschlüsse, isst allein an der Bar, bestellt etwas zum Mitnehmen oder veranstaltet sogar Dinnerpartys in separaten Räumen.

In fast jeder Straße gibt es Restaurants, und das vielfältige Angebot hält für jeden Geschmack etwas bereit – von der Thai-Küche bis zu tibetischen Speisen –, und das in jeder Preisklasse. Die New Yorker verweisen gern darauf, dass man in einem günstigen Imbiss weniger bezahlt als für ein Essen zu Hause. Nicht wenige gehen sogar dreimal am Tag essen. Die unorthodoxen Arbeitszeiten vieler New Yorker kann man an der Vielzahl der Menschen ablesen, die an einem ganz gewöhnlichen Morgen im Restaurant oder Café um die Ecke einen Kaffee genießen. Wer im Büro arbeitet, kauft sich meist auf der Straße einen Kaffee und ein Brötchen mit Butter oder beim Bäcker auf dem Weg einen Milchkaffee und Kuchen. Eine ähnliche Routine gilt für das Mittagessen. In Midtown und Soho strömen die Beschäftigten von Investmentbanken, Modehäusern, Verlagen, Anwaltsbüros und Fernsehsendern aus den Büros, um vor schicken Läden mit Suppen, Salaten und Sandwiches anzustehen. Die leitenden Angestellten essen in angesagten Restaurants zu Mittag, etwa dem 44 im Royalton Hotel oder im Lever House in Midtown.

Das Abendessen hingegen genießen die New Yorker in Ruhe, als eine Art Belohung für den Arbeitstag. An einem gewöhnlichen Wochentag geht man in eines der vielen Restaurants in der Nachbarschaft. Meist kennt man die Speisekarte und schätzt den guten Service, etwa in einer bevorzugten Sushi-Bar, einem freundlichen Thai-Café oder einer Trattoria, wo man sich schon auf den ersten Frühlingsabend an einem Tisch im Freien freut.

Wer in der Stadt lebt, geht mit Vorliebe am Donnerstagabend essen. Denn Besucher aus New Jersey, Long Island, Westchester County oder den äußeren Stadtbezirken strömen gewöhnlich am Freitag und Samstag in die Stadt. Den Donnerstagabend reservieren sich die New Yorker gern, um das neue Restaurant auszuprobieren, von dem sie gerade im New York Magazine oder in der New York Times gelesen haben.

Größeren Gruppen verspricht ein Abend am Tisch des Küchenchefs oder an Küchen-

tischen interessante Einblicke in das Geschehen. In den besseren Restaurants in Frankreich und Italien ist dies längst Standard. Doch erst vor zehn Jahren führte Maguy Le Coze diese Form des »Küchentheaters« in New York ein. Im Le Cirque 2000 steht ein halbkreisförmiger Bankettisch in einer Ecke der Küche, die ebenso opulent gestaltet ist wie der Speisesaal. Im Barbuto in West Village bedient Jonathan Waxman seine Gäste sogar höchstpersönlich an einem langen, derben Tisch in der Küche.

Obwohl die New Yorker jedoch gern und viel essen gehen, sind gewisse Restaurants besonderen Gelegenheiten vorbehalten. Steakhäuser wie The Palm in der East Side und Peter Luger in Brooklyn, die für das alte New York stehen, besucht man bevorzugt mit Freunden, Verwandten oder Geschäftskollegen, insbesondere wenn sie von außerhalb kommen. Solche Besucher liefern den besten Grund, wieder einmal einen Gastronomietempel wie Katz's Delicatessen, Sylvia's Soul Food oder Chumley's in Greenwich Village zu beehren. Ein Essen im Vier-Sterne-Restaurant mit ausschließlich französischer Küche, weißen Tischtüchern und formellem Service dauert oft zwei oder drei Stunden. Darum ist ein Besuch bei Daniel, Aureole oder Jean Georges ein seltener Genuss, den sich selbst die größten New Yorker Restaurantliebhaber nur recht selten gönnen.

Der Geschmack der New Yorker wird zunehmend lässiger. Waren prächtig gestaltete Räume und ein pedantischer Service einst der Maßstab für eine feine Adresse, sind mittlerweile viele der beliebtesten Restaurants, insbesondere Babbo Ristorante e Enoteca, Craft und Gramercy Tavern, deutlich ungezwungener – sie sind Ausdruck des heutigen Geschmacks.

Wer diesen informellen Stil bevorzugt, kann aus einer Vielzahl ethnischer Restaurants wählen, vor allem in den Stadtvierteln außerhalb Manhattans. In einer Metropole mit so vielen Kulturen ist beinahe jede Landesküche der Welt vertreten, ob aus Korea oder Kambodscha, Kuba, Peru, Ostindien oder Westafrika. Meist handelt es sich um kleinere Familienbetriebe, die einen authentischen Einblick in die fremden Kulturen geben. Die entspannte Atmosphäre und die günstigen Preise sind nur mit einem Minimum an traditionellem Ambiente verquickt.

In den letzten Jahren hat sich die ethnische Küche jedoch auch in anspruchsvolleren Restaurants etabliert. Viele dieser Adressen, etwa das Nam, ein schickes vietnamesisches Restaurant in Tribeca, oder das Bond Street, eine Sushi-Bar in East Village, sprechen jene New Yorker an, die bereit sind, etwas mehr dafür zu zahlen, dass sie in einer romantisch-atmosphärischen Umgebung speisen – das Design in diesen etwas moderateren ethnischen Restaurants ist ebenso wichtig wie die Qualität der Speisen. Die meisten der beliebtesten neuen Speiselokale – dazu gehören das Kittichai, ein neues Thai-Restaurant in Soho, das Spice Market im Meatpacking District mit moderner südostasiatischer Küche und das Matsuri in Chelsea mit japanischer Küche – sind im Grunde Themen-Restaurants.

BAR

PLUMS and
APRICOTS

DIE MÄRKTE VON NEW YORK

New Yorker Feinschmecker nehmen für gute Lebensmittel gern einige Mühen in Kauf. Sie besuchen Bauernmärkte mit besten regionalen Produkten und Seafood, suchen in den alten Stadtteilen nach traditionellen Erzeugern und kaufen regelmäßig in internationalen Lebensmittelläden mit Spezialitäten aus aller Welt ein.

Das ganze Jahr hindurch können die New Yorker täglich in allen fünf Stadtbezirken auf Bauernmärkten regionale Produkte kaufen. In Parks und auf Plätzen, überall werden an Straßenständen Lebensmittel der Farmer vom Hudson River Valley, von Long Island und aus New Jersey angeboten. Die Fülle der Produkte ist beeindruckend: jede Menge frisches Obst und Gemüse der Saison, Hummer, Muscheln, Glattrochen und Blaubarsche von Long Island, beste frische und gereifte Käse, Hühner, Enten und Eier aus artgerechter Haltung, Ahornsirup, frisch gebackene Kuchen und Brot, hausgemachte Gelees und Marmeladen.

Bis zur Errichtung dieser Märkte in den 1970er-Jahren konnten die Farmer der Region nur schwerlich Kunden in der Stadt gewinnen, und die New Yorker bekamen keine heimischen Saisonprodukte. Der New Yorker Architekt und Städteplaner Barry Benepe erkannte, dass die Anzahl der kleineren Familienfarmen in der Region aufgrund der Entwicklung zu landwirtschaftlichen Großbetrieben stetig zurückging. Benepe und sein Kollege Bob Lewis schlugen deshalb der Umweltbehörde von New York City damals vor, einen Bauernmarkt in der Stadt zu errichten, um die Trennung zwischen den Farmern der Region und der großen Kundenschar in der Stadt zu überwinden. Der erste Greenmarket, wie die Märkte heute heißen, wurde 1976 auf einem stadteigenen Platz an der Fifty-ninth Street und Second Avenue mit einer Hand voll Farmern eröffnet. Heute sponsert die Stadt solche Märkte an über dreißig Standorten, von denen viele das ganze Jahr hindurch, andere nur im Frühjahr und Sommer abgehalten werden.

Der Union Square Greenmarket, am Broadway und der East Seventeenth Street gelegen, ist mit seinen etwa siebzig Farmern zur Hochsaison mit Abstand der größte dieser Märkte. Er ist vier Tage in der Woche geöffnet und gilt als kulinarisches Zentrum der Stadt. Restaurantbesitzer Danny Meyer wählte diesen Ort wegen der Nähe zum Greenmarket und der angebotenen hochwertigen Produkte sogar für sein erstes Restaurant, das Union Square Café. Während viele Farmer in den frühen Morgenstunden noch die Stände aufbauen, sieht man die Küchenchefs in ihren weißen Jacken bereits die Saisonprodukte prüfen und die Zutaten für ihre regionalen Spezialitäten auswählen (siehe Seite 97). Für die Feinschmecker New Yorks ist der Besuch auf dem Markt längst zum unverzichtbaren Ritual geworden. Stets verlassen sie die Märkte mit Taschen und Körben voller ungewöhnlicher Obst- und Gemüsesorten, die in den Lebensmittelläden ihrer Gegend nicht angeboten werden.

Der wachsende Zuspruch, den die hochwertigen regionalen Produkte finden, hat weitere Märkte entstehen lassen. Der 1997 eröffnete Chelsea Market ist eine lange Halle zwischen der Ninth und Tenth Avenue und der Seventeenth Street. Zu den über zwanzig kleinen Spezialitätenläden gehören Lobster

Place mit frischem Seafood-Angebot und Buon Italia, das eine breite Auswahl an importierten italienischen Lebensmitteln verkauft. Chelsea Market bietet zudem Eiscreme, Joghurt und Milchprodukte direkt vom Erzeuger, hier der Ronnybrook Farm Dairy. Die Backwaren von Amy's Breads, Eleni's Cookies und Fat Witch Brownies werden alle vor Ort hergestellt – häufig in offenen Backstuben als kulinarisches Theater für die Kunden.

Zu den neuen Einrichtungen gehört auch der Grand Central Market, der 1999 im wunderschön restaurierten Bahnhof Grand Central Terminal in Midtown eröffnet wurde und ein europäisches Einkaufserlebnis bieten soll. Die vielen Pendler können hier noch schnell Käse in Murray's Cheese Shop kaufen, Süßigkeiten im Li-Lac Chocolates, Fleisch bei Koglin, einem deutschen Metzger, sowie viele andere Produkte, die man an den meist unabhängigen Ständen bekommt.

In New York finden sich außerdem einige der führenden Feinkostgeschäfte des Landes, so das Zabar's in der Upper West Side zwischen dem Broadway und der Eightieth Street, das seit den 1930er-Jahren als viel geliebte Institution der New Yorker gilt. Es ist für seinen hervorragenden Räucherfisch, importierte Spezialitäten, eine ausgezeichnete Käseabteilung und selbst gerösteten Kaffee berühmt und hat in der wohlhabenden jüdischen Bevölkerung der Upper West Side eine treue Kundschaft. Seit den 1970ern werden hier zudem mit Erfolg Küchengeräte verkauft. Das Geschäft leiten Saul und Stanley Zabar, zwei der drei Söhne des ursprünglichen Besitzers, während dem jüngsten Sohn, Eli Zabar, die Vinegar Factory gehört, ein Feinkosthaus auf der anderen Seite des Central Park.

Ein weiteres Spezialitätengeschäft ist das Dean & DeLuca, das Joel Dean und Giorgio DeLuca 1977 im damals recht heruntergekommenen Künstlerviertel Soho eröffneten. Die beiden Inhaber wollten den immer anspruchsvolleren Einwohnern der Stadt die besten internationalen Lebensmittel anbieten. Auf der Suche nach hochwertigen Produkten reisten sie um die ganze Welt und nahmen für sich in Anspruch, als erste Händler in den USA Balsamessig und sonnengetrocknete Tomaten verkauft zu haben. Wer heute Dean & DeLuca betritt, fühlt sich wie in einem kulinarischen Museum, und ein Besuch der Filiale Ecke Prince Street und Broadway ist für Feinschmecker ein echtes Muss.

New York ist eine Stadt internationaler Spezialitäten. Seine Bewohner profitieren von den vielen ethnischen Enklaven und Lebensmittelgeschäften. Will man die russische Küche genießen, reist man nach Brighton Beach (Little Odessa genannt), um das M & I International oder einen der anderen Läden an der Brighton Beach Avenue zu besuchen. Hier bekommt man russische Spezialitäten wie Roggenbrot, Räucherfisch, Würste, Pickles, Piroggen und Borschtsch. Für einen Feiertag oder ein besonderes Ereignis empfiehlt sich ein Ausflug zu Manhattans Lower East Side, wo man bei Guss' Pickles oder Russ & Daughters wunderbaren Räucherfisch bekommt. Ein ausgefallenes Essen mit internationalen Zutaten ist wiederum ein guter Grund, in der

NE WAY

Atlantic Avenue in Brooklyn nach Spezialitäten aus dem Nahen Osten zu forschen, in Manhattans Ninth Avenue nach afrikanischen Lebensmitteln, im Curry-Hill-Teil der Lexington Avenue nach indischen Gewürzen oder in den Supermärkten von Chinatown nach Spezialitäten aus Asien.

Sehr lohnend ist auch ein Besuch auf dem Arthur Avenue Retail Market, der sich über sieben Häuserblocks in Belmont in der Bronx erstreckt. Hier gibt es nicht nur eine reiche Auswahl hausgemachter und importierter Spezialitäten, man erlebt auch eine Reise in die Vergangenheit, in eine altmodische italo-amerikanische Gemeinde. Der in der Bronx als Little Italy bekannte Markt wurde 1940 von Fiorello La Guardia eröffnet und bot italienischen Straßenverkäufern die Möglichkeit, ihre Waren in kleinen Geschäften anzubieten. Viele der Geschäfte befinden sich in Familienbesitz, etwa Teitel Brothers oder Madonia Brothers Bakery, und sind fast schon hundert Jahre alt. Calabria Pork Store, Casa Della Mozzarella, Mike's Deli und Borgatti's Ravioli and Egg Noodles bestehen seit Generationen und sind für ihre hochwertigen Produkte sowie den sehr freundlichen Service bekannt. Der Markt ist von Montag bis Samstag geöffnet. In besonderem Glanz erstrahlt er jedoch am Samstagmorgen, wenn viele frühere Ladenbesitzer und Kunden, die inzwischen in die Vororte gezogen sind, einmal wieder ihr altes Viertel besuchen.

STREIFZUG DURCH DIE STADTVIERTEL

Die New Yorker betrachten ihre Stadt gern als eine Ansammlung kleiner Dörfer mit eigener Geschichte und Atmosphäre. Wer in der Lower East Side ein *Pastrami*-Sandwich oder in Brooklyn eine Schale vietnamesischer Nudeln isst, kostet ein Stück echtes New York.

Tribeca und Financial District

Der Stadtteil Tribeca (Triangle below Canal Street) hieß früher Washington Market, der Markt selbst wurde 200 Jahre abgehalten, bis in die 1950er. Auch heute noch zeugen einige Spuren von der Vergangenheit des Viertels als Großhandelszentrum. Die renovierten Lofts in Tribeca gehören inzwischen zu den begehrtesten Wohnungen der Stadt, und seit einigen Jahren finden sich hier viele der besten New Yorker Restaurants. Den Anfang machte das anspruchvolle französische Restaurant Chanterelle, das 1979 eröffnet wurde und sich immer noch am selben Ort befindet – nicht weit von Ground Zero. Weniger formell geht es im Bubby's zu, einem amerikanischen Restaurant im Retro-Stil, das sich zu einer echten Institution im Viertel entwickelt hat. Auch andere schicke Restaurants wie das Bouley, 66, Montrachet, The Harrison, Danube und Nobu locken immer wieder viele Gäste in die Gegend.

Weiter südlich liegt der Financial District in Lower Manhattan, das historische Zentrum der Stadt mit solch bedeutsamen Einrichtungen wie der Fraunces Tavern, in der sich George Washington 1783 von seinen Offizieren verabschiedete. Die 1817 gegründete New Yorker Börse zog bereits 1903 in ihr heutiges Gebäude. Einige große Geldinstitute befinden sich mittlerweile zwar in Midtown, doch dafür kamen

Künstler und junge Unternehmer, die der Restaurantszene neues Leben einhauchten. Bazzini, das seit über hundert Jahren Nüsse für den Großhandel röstet, verfügt inzwischen auch über einen Markt und ein Café für die neuen Einwohner des Viertels. Im Jahr 1999 öffnete das Delmonico's, das älteste Restaurant des Landes, in der Nähe des alten Standorts wieder seine Pforten.

Chinatown

Chinatown hat seinen eigenen Rhythmus. Das sich ständig vergrößernde Gebiet auf der Ostseite von Lower Manhattan ist eine Welt für sich und doch ein wesentlicher Bestandteil New Yorks. Im Laufe der Jahre kamen auch Einwanderer aus anderen Teilen Asiens, insbesondere Thailänder und Vietnamesen, und gründeten viele Restaurants und Märkte. In den Schaufenstern hängen Enten, Straßenverkäufer bieten vielerlei Nudeln und Klößchen an. In einigen Restaurants gibt es keine englischen Speisekarten, und die Gerichte muten für Nicht-Asiaten sehr fremdartig an. Zu den beliebtesten Restaurants der New Yorker gehören Joe's Shanghai, Sweet-n-Tart Restaurant, Thailand und Nha Trang mit vietnamesischen Speisen. Die Chinatown Ice Cream Factory, eine echte Institution des Viertels, ist berühmt für ihre Eiscremesorten mit grünem Tee, Tofu, Litschi und kandiertem Ingwer.

Little Italy

Obwohl sich Chinatown nach Norden bis in dieses Stadtviertel aus dem 19. Jahrhundert ausgedehnt hat, wird die Mulberry Street immer noch von italienischen Restaurants dominiert. Hier bekommt man italoamerikanische Klassiker wie gebackene Ziti, gebratene Kalmare und Kalbfleisch mit Parmesan. Dem Charme des alten Viertels begegnet man in den Lebensmittelläden der Grand Street, von denen viele bis heute in Familienbesitz sind. DiPalo's Fine Foods aus dem Jahr 1910 bietet Wurstwaren und Käse aus Italien an und bereitet jeden Tag frischen Mozzarella. Die Piemonte Ravioli Company verkauft hausgemachte Pasta, Tortellini und Panzotti mit Gorgonzola-Steinpilz-Füllung. Bereits 1890 wurde die Alleva Dairy eröffnet, die sich auf Mozzarella und Ricotta, täglich frisch, spezialisiert hat und auch noch anderen Käse, geräucherte Wurstwaren, Olivenöl und Essig anbietet. Im Italian Food Center bekommt man eine Fülle importierter Produkte wie Öle, Pasta und süditalienische Spezialitäten; es ist für seine gewaltigen belegten Brötchen bekannt.

Soho/Nolita

Als vor über zwanzig Jahren das Epoche machende Lebensmittelhaus Dean & DeLuca am Lower Broadway eröffnet wurde, war Soho noch ein ruhiges Viertel mit Künstlerateliers, Galerien und Bistros wie das Lucky Strike, Jerry's und Raoul's. Aus vielen Ateliers sind inzwischen Eigentumswohnungen geworden, die einstigen Galerien haben sich in Boutiquen verwandelt. Doch die herrliche Architektur blieb erhalten. Die Sullivan Street mit einem der hochwertigsten Lebensmittelangebote der Stadt vereinigt das Beste aus Altem und Neuem. Am nördlichen Ende der Straße in der Nähe

HOT
GARLIC
BIALYS

PETITS PLATS MAISON
PASTIS
DINNER
PASTIS

der Houston Street kauft man in Joe's Dairy mit Vorliebe geräucherten Mozzarella und im Pino Prime Meats Biohuhn und Innereien. Im berühmten Once Upon a Tart genießen die Kunden Buttermilch-Korinthen-Scones und französische Kuchen. Weiter im Süden liegen das Blue Ribbon Sushi, das für bestes Sushi und eine Auswahl an *Sake* bekannt ist, das Blue Ribbon Restaurant und die Sullivan Street Bakery, die italienisches Brot und knusprige Pizza anbietet.

Östlich der Lafayette Street liegt das Viertel Nolita (North of Little Italy) mit kleinen Boutiquen und Restaurants. Sein Zentrum bildet die Old St. Patrick's Cathedral, die 1815 geweiht wurde. Die ursprüngliche Gemeinde bestand aus irischen Einwanderern, die damals in einer bäuerlichen Gemeinschaft lebten. Der Geist des modernen Viertels zeigt sich in Einrichtungen wie dem Café Habana (mit kubanischen Sandwiches und hausgemachtem Flan) oder dem Peasant, wo herzhafte italienische Speisen über offenem Feuer zubereitet werden.

Lower East Side

Das Gebiet südlich der Houston Street und östlich von Bowery hat sich seine Identität als historisches jüdisches Viertel bewahrt. Zu den traditionellen Geschäften gehören Katz's Delicatessen, Yonah Shimmel Kinshery, Kossar's Bialys, Moishe's Kosher Bake Shop, Guss' Pickles und Russ & Daughters, das seit den frühen 1900ern geräucherten Fisch verkauft. Das Lower East Side Tenement Museum an der Orchard Street zeigt eine Mietwohnung von 1863, die einen Einblick in das Leben jüdischer und anderer Einwanderer gewährt. Dank niedriger Mieten hat das Viertel viele Künstler und andere neue Bewohner angelockt. In direkter Nachbarschaft zur historischen Orchard Street entstehen elegante Boutiquen und Schuhgeschäfte. Aber es wird auch viel kulinarische Kreativität geboten, etwa im Il Laboratio del Gelato, The Doughnut Plant, Pladar und 71 Clinton Fresh Food. Aus der ganzen Stadt strömen Kunden ins WD-50, um Wylie Dufresnes Kreationen zu kosten.

Meatpacking District

In der Lower West Side grenzt an den Nordwesten von Greenwich Village der Meatpacking District, über ein Jahrhundert das Zentrum für die Herstellung und den Vertrieb von Lebensmitteln. Einige der alten Einrichtungen bestehen noch heute, etwa das Old Homestead, ein Steakhouse am ursprünglichen Standort von 1868. Das Hogs and Heifers, eine Biker-Bar, hat viele neue Stammkunden angezogen, und im Florent werden bis in die frühen Morgenstunden herzhafte Gerichte serviert. Aber es sind auch neue Restaurants und Nachtclubs entstanden. Das Pastis, ein französisches Bistro mit Tischen im Freien und eine beliebte Adresse zum Brunchen, liegt an einer freien Ecke der Little West Twelfth Street und Ninth Avenue. Zudem wird jeden Monat ein weiteres Etablissement von einem eleganten Restaurantbesitzer oder Chefkoch eröffnet, so Stephen Hansons Vento Trattoria oder Jean-Georges Vongerichtens Spice Market mit Speisen, wie man sie an den Straßenständen Südostasiens bekommt. Auch das Hotel Gansevoort hat dem Meatpacking District ein neues Gesicht gegeben. Ein zweites Hotel ist in Planung.

Greenwich Village/West Village

In der West Side liegt Greenwich Village mit seinem berühmten Straßengewirr. Das Viertel war früher ein echtes Dorf, eine Künstlerkolonie, in der die Dichterin Edna St. Vincent Millay und der Dramatiker Eugene O'Neill lebten. Heute erzielen seine malerischen Häuserblocks und historischen Stadthäuser mit die höchsten Maklergebühren in der Stadt. Die Gegend um New York University im Süden des Washington Square Park zeichnet sich durch ein reges Nachtleben aus. Aus den Clubs tönt Jazzmusik, und die Besucher essen in Pizzerias und bevorzugten Restaurants wie Mamoun's Falafel. Das charmante Ambiente

und die erstklassigen Restaurants, etwa Babbo Ristorante e Enoteca und Blue Hill, ziehen viele Besucher von außerhalb und aus anderen Stadtvierteln an. Die Menschen aus der Gegend bevorzugen dagegen einfachere Lokale wie die Blue Ribbon Bakery, das Corner Bistro und Shopsin's General Store mit echtem Kultstatus.

Weiter im Norden geht Greenwich Village ins West Village über. Hier befinden sich das Spotted Pig, ein Pub im britischen Stil, und das Barbuto, ein Restaurant mit modernen Saisongerichten. In West Village liegt außerdem die berühmte Magnolia Bakery, wo die Kunden zu jeder Tageszeit für Muffins Schlange stehen, sowie The Chocolate Bar mit ihrer beeindruckenden eisgekühlten »heißen« Schokolade.

East Village

Bis auf einige Ausnahmen hat das East Village zwischen der Houston und Fourteenth Street keinen offiziellen Anteil an New Yorks anerkannter Food-Szene. Doch in den letzten Jahren hat sich das Viertel gewandelt. Tompkins Square Park ist mittlerweile ein wichtiges Zentrum, und Restaurants wie das Prune, The Tasting Room, Jewel Bako und ChikaLicious, das nur Desserts serviert, erfreuen sich vieler Besucher. Auch die veganen Biogerichte im Angelica Kitchen finden großen Anklang. Die Veränderungen im Viertel hatten jedoch keinen Einfluss auf Veniero's Pasticceria, das seit über hundert Jahren in Familienbesitz ist und seinen Kunden immer noch authentische italoamerikanische Kuchen und Desserts serviert, insbesondere Ricotta-Käsekuchen. Das Besondere des Viertels ist seine Vielfalt. In einem Gebiet von fünf Häuserblocks bekommt man tibetische, thailändische, jüdische und ukrainische Spezialitäten. Besucher der vielen Bars und Nachtclubs können im Veselka, einem ukrainischen Lokal, rund um die Uhr essen. In East Village liegen außerdem zwei der berühmtesten Bars der Stadt: McSorley's Old Ale House, ein reines Bierlokal aus dem Jahr 1854, und das Angel's Share, in dem Barmixer mit besten Zutaten und frischen Säften äußerst feine Cocktails mixen.

Chelsea

Chelsea, nördlich vom Meatpacking District gelegen, hatte für seine Bewohner früher genau die richtige Menge an Cafés und Restaurants. Kitchen Market, ein kleiner mexikanischer Lebensmittelladen mit Imbiss, erfreute sich jedoch schon immer stadtweiter Anerkennung, ebenso das Empire Diner, das die ganze Nacht geöffnet hat und klassische Speisen serviert. Mit der Eröffnung des Chelsea Market im Jahr 1997 (siehe Seite 17) änderte sich jedoch die kulinarische Landschaft, und auch die vielen Kunstgalerien zogen zahlreiche Besucher an. Aus der ganzen Stadt strömen die Gäste heute ins Maritime Hotel mit seinen zwei Restaurants, dem Matsuri im Untergeschoss mit einer eleganten japanischen Küche und dem La Bottega mit einer Terrasse.

Gramercy Park/Flatiron District/Murray Hill

Die Nähe zum größten Greenmarket der Stadt erklärt vielleicht, warum sich in den Vierteln um den Union Square einige der besten New

Yorker Restaurants befinden: City Bakery, Craft and Craftbar, Gramercy Tavern und das Union Square Café. Als Danny Meyer und Michael Romano 1985 das Union Square Café eröffneten, befand sich die einst heruntergekommene Gegend dank des neuen Greenmarket bereits im Aufwind. Diese Entwicklung hat sich inzwischen weiter nach Norden verlagert, in die Gegend um das majestätische Flatiron Building, das 1902 fertig gestellt wurde und als ältester Wolkenkratzer in Manhattan gilt, sowie um den Madison Square Park. Im so genannten Curry Hill in der Lexington Avenue im Nordosten des Parks finden sich zahlreiche indische Restaurants und Märkte, insbesondere das Kalustyan's. Viele Restaurants der Gegend servieren koschere oder vegetarische Speisen.

Midtown und Theater District

New Yorks Zentrum der Finanzwelt und der Ort, an dem man nach Geschäftsabschlüssen speist, ist Midtown mit dem Rockefeller Center an der Fifth Avenue. Hier gibt es solch legendäre Restaurants wie das Four Seasons, »21« Club, Oyster Bar im Grand Central Station und Smith & Wollensky, ein klassisches Steakhouse. Nach der Arbeit nimmt man dann etwa im P. J. Clarke's einen Drink oder auch in der King Cole Bar im St. Regis Hotel. Und vor oder nach dem Theaterbesuch geht man selbstverständlich ins Orso oder in Mario Batalis Esca, westlich vom Times Square gelegen.

Hell's Kitchen

Ein Spaziergang auf der Ninth Avenue zwischen der Thirty-fourth und Forty-eighth Street im so genannten Hell's Kitchen führt an mehreren bedeutenden kulinarischen Einrichtungen vorbei: dem Pozzo Pastry Shop, Empire Coffee and Tea und der Poseidon Bakery, die für griechische Kuchen berühmt ist. »Neulinge« wie Cupcake Café und Amy's Bread standen bei ihrer Eröffnung in den 1990ern für die einsetzende Neubelebung des Viertels.

Upper West Side/Lincoln Center

Die Gegend im Westen des Central Park mit ihren typischen Vorkriegshäusern, insbesondere dem Dakota und dem Ansonia, hatte einen gewissen Mangel an Restaurants zu verzeichnen, bis Tom Valenti 2001 das Ouest und zwei Jahre später das 'Cesca eröffnete. Das Viertel besitzt zudem drei der besten Bagel-Geschäfte der Stadt – Columbia Bagels, H & H Bagels und Absolute Bagels –, Institutionen in puncto Frühstück wie das Barney Greengrass und Sarabeth's Kitchen und solch herausragende Konditoreien wie Soutine, Levain Bakery und die Margot Patisserie. Hinzu kommen drei der meistgeschätzten Lebensmittelgeschäfte New Yorks: Zabar's, Fairway und Gourmet Garage. Wer ins Theater, die Oper oder ins Symphoniekonzert im Lincoln Center geht, speist danach im Café des Artistes oder im Café Luxembourg. Am südlichen Ende des Viertels steht in der Nähe des Central Park der Trump Tower mit dem Vier-Sterne-Restaurant Jean Georges. Und das Time Warner Center am Columbus Circle wartet mit den Restaurants gefeierter Küchenchefs aus dem ganzen Land auf, so auch dem Per Se des Kaliforniers Thomas Keller.

East Side/Upper East Side

Das Viertel im Osten des Central Park von der Fifty-ninth Street Richtung Norden brachte Amerikas erste Villen hervor. Eine davon beherbergt heute die Frick Collection mit alten Meisterwerken. Weiter nördlich beginnt mit dem Metropolitan Museum of Art die so genannte Museumsmeile, zu der auch das Jewish Museum und das Solomon R. Guggenheim Museum gehören. Stil und Eleganz bestimmen auch heute noch die Fifth, Madison und Park Avenue, deren edle Geschäfte nicht nur für ihre ausgewählten Produkte, sondern auch für ihre hohen Preise berühmt sind. Eleganz bestimmt die Restaurants der East Side, wie etwa das Daniel, Aureole, Payard Patisserie and Bistro sowie Bemelmans Bar

im Carlyle Hotel. Eli Zabar's Vinegar Factory bietet eine große Auswahl an Feinkostprodukten sowie die berühmten Brote. Schokoladenliebhaber zieht es zur La Maison du Chocolate, einem kleinen Geschäft mit französischem Konfekt und heißer Schokolade.

Zwischen der Seventies und Eighties Street lag einst die als Yorkville bekannte deutsch-ungarische Enklave. Dies bezeugen bis heute einige sehr gute große Metzgereien wie das Yorkville Meat Emporium, Ottomanelli Brothers Market und Schatzie's Prime Meats. In Orwasher's Bakery backt die Familie Orwasher seit beinah hundert Jahren nach dem ursprünglichen Rezept ihre Roggenbrote.

Harlem

Die ersten Siedler im frühen 17. Jahrhundert waren Holländer, die das Gebiet nach einer Stadt ihrer Heimat benannten. Nach und nach zog Harlem immer mehr Einwanderer an, und um 1900 war es zum Mekka für wohlhabende Bewohner Manhattans geworden, deren elegante Stadthäuser längst als Wahrzeichen gelten. Anfang des 20. Jahrhunderts kamen zahlreiche Afroamerikaner aus den Südstaaten nach Harlem und leiteten die berühmte Harlem Renaissance der 20er- und 30er-Jahre ein. Das Apollo Theater stammt noch aus jener Zeit und ist der Fixpunkt in Central Harlem. Hier im Norden des Central Park von der Fifth Avenue bis zur St. Nicholas Avenue dreht sich alles um »soul food«. Restaurants und Lokale gibt es reichlich, etwa das etablierte M & G Diner, die Better Crust Bakery mit ihren gefeierten Apfel-, Pekannuss- und Süßkartoffelkuchen und das neuere Miss Mamie's Spoonbread Too. Weltberühmt ist Sylvia's Soul Food. Vom New York Magazine wurde Sylvia Woods sogar zur »Queen of Soul Food« gekürt. In East Harlem im Osten der Fifth Avenue zeugen Patsy's Pizzeria und Rao's vom einst italienisch geprägten Viertel. Heute heißt die Gegend auch Spanish Harlem oder El Barrio, sie hat eine vorwiegend hispanoamerikanische Bevölkerung und viele puertoricanische und mexikanische Geschäfte. La Hacienda bietet traditionelle mexikanische Speisen, und La Fonda Boricua schätzt man wegen der hausgemachten Gerichte aus Puerto Rico wie gelben Reis, schwarze Bohnen und Fleischtöpfe.

Die Bronx

Im Norden von Manhattan liegt der einzige Stadtbezirk New Yorks, der nicht durch Wasser von Manhattan getrennt ist. Die Bronx ist vor allem für ihren Zoo und das Yankee Stadium bekannt. Zu den kulturell interessanten Gegenden zählt Belmont mit einer vorwiegend sizilianischen Bevölkerung, das mitunter auch als Little Italy der Bronx bezeichnet wird. Epizentrum dieser Gegend ist der Arthur Avenue Retail Market mit Geschäften über einen ganzen Häuserblock, die Lebensmittel, Wurstwaren sowie Käse verkaufen. In der Umgebung befinden sich zahlreiche weitere italienische Geschäfte und Restaurants (Seite 21). Schwer beladene Kunden machen zum Beispiel im Full Moon Pizza für eine Pizza oder im Mario's für Spaghetti Halt. Einen Ausflug nach City Island, einem historischen

Seehafen, muss man wiederum mit einem Besuch in der Lobster Box aus den 1940er-Jahren verbinden oder in Johnny's Famous Reef, das gebratenes Seafood, Plätze im Freien und einen Blick auf Long Island Sound bietet.

Brooklyn

Ebenso wie in allen anderen Stadtbezirken New Yorks leben auch in Brooklyn viele unterschiedliche ethnische Gruppen, von der russischen Enklave in Brighton Beach bis zur chassidischen Gemeinde in Williamsburg. Auch Brooklyn hat sein eigenes Little Italy im Viertel Bensonhurst. Italienische Einwanderer zogen 1915 nach Fertigstellung des Fourth-Avenue-Zugs von Manhattan auf das damalige Farmland, doch bis heute hat sich die Eighteenth Avenue ihr Gemeinschaftsgefühl bewahrt. Es gibt Gemüsemärkte und kleine Familiengeschäfte, etwa Bari Pork Store, Trunzo Bros. und Villabate Pasticceria mit sizilianischen Backwaren wie *cannoli* mit Ricottafüllung.

Im Sunset Park entwickelte sich das Bat Dai Do (was so viel wie »Eighth Avenue« und außerdem »Straße zum Wohlstand« bedeutet) zur zweitgrößten Chinatown von New York. Hier wohnen vorwiegend Einwanderer aus Kanton und Hongkong. Die kulturelle Vielfalt der Gegend zeigt sich am bunten Miteinander eines vietnamesischen Sandwich-Geschäfts namens Ba Xuyjen, eines El Tepeyac Mini-Mart mit mexikanischen und ecuadorianischen Spezialitäten sowie des türkischen Birlik Food Market. Am südlichen Ende von Brooklyn liegt Coney Island mit dem berühmten Vergnügungspark, in dem die Hotdogs erfunden wurden und immer noch an der Strandpromenade verkauft werden.

Zu neuer Popularität gelangte Brooklyn durch die Eröffnung moderner Restaurants wie des Blue Ribbon in Park Slope oder des Relish and Oznot's Dish in Williamsburg. Erwähnung verdienen außerdem die neuen Feinkostläden, etwa das Schokoladengeschäft in Dumbo (Down Under the Manhattan Brooklyn Overpass) von Jacques Torres, einem früheren Patisseriechef in New Yorks legendärem Le Cirque.

Queens

Queens ist nicht nur New Yorks größter Stadtbezirk, sondern mit den Flughäfen La Guardia und JFK auch das Tor zu New York und das ethnisch vielfältigste Gebiet der USA. Hier spricht man etwa 138 verschiedene Sprachen, vor allem Chinesisch, Koreanisch, Italienisch, Griechisch, Russisch und Französisch. Flushing in der Nähe des Shea Stadium ist vorwiegend asiatisch geprägt. An Straßenständen gibt es gebratene Nudeln, Cafés wie das Relax Tea House servieren chinesische Backwaren und *bubble tea*, eine Mischung aus Tee, Milch und großen Tapioka-Perlen. Das Angebot asiatischer Restaurants reicht vom Green Papaya Thai Cuisine und dem taiwanesischen Laifood bis zum Pho Vietnamese Restaurant und dem Penang mit malaysischer Küche. Im einst vorwiegend griechischen Astoria leben heute viele Thailänder, Nordafrikaner und Jugoslawen. Doch in Christos Hasapo-Taverna, einem griechischen Steakhouse, in Telly's Taverna für Seafood und dem Markt Titan Foods isst man immer noch griechisch.

A
B
C
D
E
F
G
1
2
3
4
5
6
7
RANDALLS ISLAND
Triborough Bridge
Randalls Island Park
Willis Ave Bridge
Mill Rock
East River
QUEENS
Roosevelt Island
Queensborough Bridge
Franklin D. Roosevelt Drive
Jefferson Park
Carl Schurz Park
Rockefeller University
York Ave
First Ave
Second Ave
Third Ave
Lexington Ave
Park Ave
Madison Ave
Fifth Ave
SPANISH HARLEM
UPPER EAST SIDE
EAST SIDE
GOLD COAST
UNITED NATIONS
GRAND CENTRAL
E 125th St
E 116th St
E 106th St
E 96th St
E 86th St
E 79th St
E 72nd St
E 65th St
E 60th St
E 57th St
JEWISH MUSEUM
COOPER-HEWITT MUSEUM
GUGGENHEIM MUSEUM
WHITNEY MUSEUM
METROPOLITAN MUSEUM OF ART
Marcus Garvey Park
HARLEM
Lenox Ave (Malcolm X Blvd)
Adam Clayton Powell Blvd
St. Nicholas Ave
Central Park North
Harlem Meer
Jaqueline Kennedy Onassis Reservoir
CENTRAL PARK
The Lake
The Pond
Central Park South
Central Park West
MUSEUM OF MODERN ART
RADIO CITY MUSIC HALL
Rockefeller Center
MIDTOWN
Sixth Ave
Seventh Ave
Eighth Ave
Ninth Ave
Tenth Ave
Eleventh Ave
Twelth Ave (Joe DiMaggio Hwy)
CARNEGIE HALL
Columbus Circle
MANHATTAN
HELL'S
MORNINGSIDE HEIGHTS
Morningside Ave
Morningside Park
Amsterdam Ave
Broadway
Columbia University
Cathedral Parkway
W 125th St
W 106th St
W 96th St
W 86th St
W 79th St
W 72nd St
W 66th St
W 57th St
Columbus Ave
West End Ave
UPPER WEST SIDE
AMERICAN MUSEUM OF NATURAL HISTORY
Lincoln Center
Fordham University
Riverside Drive
Riverside Park
Henry Hudson Parkway
Hudson River

Parks und Plätze
Kulinarische Zentren
Weitere Stadtteile
Sehenswürdigkeiten
CHINATOWN
CIVIC CENTER
CITY HALL
BROOKLYN
LOWER EAST SIDE
EAST VILLAGE
GREENWICH VILLAGE
WEST VILLAGE
UNION SQUARE
GRAMERCY PARK
MURRAY HILL
KOREATOWN
FLATIRON
CHELSEA
MEAT PACKING DISTRICT
GARMENT DISTRICT
NOLITA
LITTLE ITALY
SOHO
TRIBECA
FINANCIAL DISTRICT
NEW JERSEY
East River
Hudson River
Williamsburg Bridge
Manhattan Bridge
Brooklyn Bridge
Brooklyn-Battery Tunnel
Holland Tunnel
Lincoln Tunnel
Queen's Midtown Tunnel
Staten Island Ferry
Franklin D. Roosevelt Drive
Brooklyn-Queens Expressway
Broadway
West St (Joe DiMaggio Hwy)
Sixth Ave (Avenue of the Americas)
EMPIRE STATE BUILDING
PENN STATION
MADISON SQUARE GARDEN
JACOB JAVITS CONVENTION CENTER
World Trade Center Site
Battery Park
Battery Park City
South Street Seaport
Washington Square Park
New York University
Thompkins Square Park
Stuyvesant Town
Union Square Park
Madison Square
Herald Square
Bryant Park
Chelsea Park
Gramercy Park
Sara D. Roosevelt Park
Columbus Park
Confucius Plaza
East River Park
0
.5
1 km
1 mi
Massachusetts
Connecticut
New York
New Jersey
HUDSON RIVER VALLEY
Hudson River
New York City
LONG ISLAND
North Fork
South Fork
Montauk
The Hamptons
BRONX
QUEENS
MANHATTAN
BROOKLYN
STATEN ISLAND
NEW JERSEY
NEW YORK CITY
Yonkers
New Rochelle
Great Neck
Elmont
Valley Stream
Rockaway Beach
Coney Island
Englewood
Hackensack
Paterson
Passaic
Newark
Elizabeth
Jersey City
Ellis Island
Statue of Liberty

Typisch NEW YORK

Seit Eli Zabar vor zwanzig Jahren erstmals knuspriges Brot nach europäischem Vorbild verkauft hat, stellen die New Yorker bei Backwaren hohe Ansprüche, erwarten Frische und beste Qualität. Sie bevorzugen kleine Bäckereien mit besonderen Spezialitäten – von *ciabatta* und *challah* bis zu Kuchen und Muffins.

BÄCKEREIEN UND BAGEL SHOPS

Die hervorragende Qualität der New Yorker Backwaren ist unter anderem einem Zufall zu verdanken. Eli Zabar entdeckte 1987 im Untergeschoss von E.A.T., seinem Feinkostladen in der Upper East Side, einen Ziegelofen. Er hatte beim inzwischen verstorbenen berühmten Lionel Poilâne gelernt und schon seit einigen Jahren im Pizzaofen Brot gebacken. Die Entdeckung des Ziegelofens deutete er als Zeichen und gründete eine große Bäckerei – Eli's Bread.

Sein erstes eigenes Brot war das lange, dünne *ficelle*, von dem er im nächsten Jahr noch viel verschenkte. Doch nachdem einige anerkannte Chefköche und Restaurantbesitzer fast nur noch Eli's Bread verwendeten, stellte sich der Erfolg ein. Mit den extravaganten kulinarischen Vorlieben der New Yorker waren europäische Brote mehr und mehr gefragt. Eli dehnte sein Angebot auf über zwölf verschiedene Sorten mit noch mehr Varianten aus, und weitere Brotbäcker, etwa Amy's Bread, Sullivan Street Bakery und Tom Cat Bakery, folgten nach.

Inzwischen sind die New Yorker zu solchen Brotkennern geworden, dass sie die Qualität von Brot – ebenso von Muffins, Bagels oder Croissants – dem Ruf der jeweiligen Bäckerei zuordnen. Jeder Bäcker bereitet heute eine eigene Spezialität, die sofort registriert wird – etwa *ciabatta* aus der Sullivan Street Bakery, Semolina-Rosinen-Brot von Amy's Bread, Vollkornweizenbrot aus der Tom Cat Bakery, Obstkuchen von der City Bakery und Criossants von Ceci-Cela.

Die Einwanderer hatten ihre eigenen Backtraditionen nach New York mitgebracht, und viele jener alten Bäckereien gibt es noch heute. Im schnell wachsenden Stadtteil Lower East Side werden *challah, babka,* Bagels und *bialys* immer noch nach den alten Methoden der ersten Einwanderer hergestellt. In den italienischen Enklaven von Little Italy in Manhattan bis zur Arthur Avenue in der Bronx und Bensonhurst in Brooklyn backt man italienische Brote mit dünner Kruste in traditionellen Ziegelöfen.

Auf den Märkten von New York gibt es überall frisch gebackene Brote, und erstklassige Bagel Shops findet man in fast jedem Viertel. Doch für guten Kuchen fahren die New Yorker nicht selten durch die halbe Stadt. Downtown bei Veneiro's Pasticceria bekommt man wunderbaren Ricotta-Käsekuchen für eine Dinnerparty, und für ein Dutzend Muffins zu einer Geburtstagsfeier macht man gern in der Magnolia Bakery, im Buttercup Bake Shop oder im Cupcake Café Halt.

Für Bagel-Fans kommen nur von Hand gerollte Bagels infrage.

Bagels schmecken frisch am besten. Jeden Tag werden sie in den Bagel-Bäckereien der Stadt tausendfach hergestellt. Nach Aussage erfahrener Bäcker gibt es jedoch kein ultimatives Rezept, vielmehr hängt die Herstellung von der jeweiligen Temperatur und Luftfeuchtigkeit ab. Um das Rezept entsprechend zu variieren, ist viel Erfahrung nötig.

Cream Cheese und Bagels

Ein milder Frischkäse ist die wichtigste Zutat des New Yorker Käsekuchens und ein beliebter Belag für Bagels. Die New Yorker verlangen gewöhnlich nach *schmear* (von einem jiddischen Ausdruck abgeleitet) und meinen eine dünne Schicht Käse auf einem halbierten Bagel. In den Bagel Shops werden meist mehrere Sorten Frischkäse angeboten, und besonders gut soll der *cream cheese* von Ben's sein.

Bagel-Beläge

Früher kannte man nur einfache oder mit Salz, Sesam und Mohnsamen bestreute Bagels. Doch mit den vielen Bagel Shops in und außerhalb der Stadt hat auch die Zahl der Bagel-Varianten deutlich zugenommen. Selbst Puristen schätzen heute Eier-, Roggen-, Zwiebel-, Knoblauch-, Pumpernickel- und Zimt-Rosinen-Bagels. Es gibt sogar Bagels »mit allem« – mit Salz, Samen, Zwiebel und Knoblauch. Die letzte allgemein anerkannte Neuerung sind Neunkorn-Bagels. Doch obwohl Traditionalisten sich durchaus tolerant gezeigt haben, gibt es auch Grenzen. Echte New Yorker Bagel Shops bereiten keine Bagels mit sonnengetrockneten Tomaten, Jalapeño-Chilis, Heidelbeeren, Schokoladenflocken oder Pesto. Mini-Bagels sind dagegen sehr beliebt. Sie haben etwa die Größe der ursprünglichen Bagels, wie sie vor einem Jahrhundert hergestellt wurden, und werden in bekannten Geschäften wie Absolute Bagel in der Upper West Side angeboten. Damals wog ein Bagel etwa 90 Gramm, also nur halb so viel wie die beliebten Backwaren heutzutage.

Bagels zubereiten

DER TEIG Bagel-Teig ist eine Mischung aus Mehl, Salz, frischer Hefe, Wasser und Gerstenmalz, das Zucker vorgezogen wird.

DAS FORMEN Erfahrene Bagel-Bäcker bestehen darauf, den Teig auf traditionelle Weise von Hand zu formen. Dafür wird der Teig zuerst in kleine Rechtecke geschnitten, dann zu einer Wurst gerollt und zu einem Ring geschlossen.

BAGELS KOCHEN Vor dem Backen werden die Bagels in großen Eisentöpfen in Wasser gekocht. Dabei nimmt der Teig Flüssigkeit auf, die für die saftige, fast kuchenartige Konsistenz der fertigen Bagels sorgt. Nach etwa 60 Sekunden steigen die Bagels an die Wasseroberfläche, werden herausgenommen und sofort in Behälter mit dem gewünschten Belag getaucht.

BAGELS BACKEN Schon wenige Minuten nach dem Kochen kommen die Bagels in einen 260 °C heißen Ofen und werden goldbraun gebacken.

MUFFINS

Unkomplizierte Vanille- oder Schokoladen-Muffins mit pastellfarbenen Zuckerüberzügen sind besonders beliebt. Die Bäcker »signieren« ihre Muffins mit einer speziellen Zuckerglasur oder Puderzuckerschicht oder indem sie sie in französischen Papierkapseln backen.

BAKLAVA

Für diesen süßen griechischen Kuchen wird papierdünner Filoteig mit geklärter Butter bestrichen, mit gehackten Nüssen in eine Form geschichtet, gebacken und mit Honigsirup beträufelt.

ZITRONEN-TARTELETTS

Als elegante Alternative zum amerikanischen Pie werden in vielen Cafés und Restaurants französische Tarteletts serviert. Im Winter sind Vanille- oder Schokoladen-Tarteletts mit Zitronenfüllung gefragt. Im Sommer schätzt man Füllungen wie Heidelbeer-Kokos und Pflaume-Mandel.

RICOTTA-KÄSEKUCHEN

Dieser reichhaltige Kuchen mit Zitronenaroma gehört zum klassischen Angebot sizilianischer Bäckereien. Auf den dünnen Boden kommt eine Füllung aus Ricotta, *cream cheese*, Eiern und Zitronenschale.

CANNOLI

Die gebratenen Teighüllen werden mit einer Creme aus Ricotta und Schlagsahne gefüllt, so genannter »cannoli cream«. Man sieht die kleinen Leckereien in vielen Schaufenstern der italienischen Bäckereien. Für Varianten des sizilianischen Desserts dippt man die gerollten Teighüllen auch in Schokolade, füllt sie mit aromatisierten Cremes oder reichert die Füllung mit Schokoladenflocken oder kandierten Früchten an. Villibate Pasticceria in Brooklyn bereitet nur eine Sorte: das Original, gefüllt mit Ricotta aus Schafmilch.

DOUGHNUTS

Mit Gelee gefüllte Doughnuts und andere Varianten sind populär wie eh und je. Doch 1994 entstanden ganz neue Doughnuts, als nämlich die Donut Plant in der Lower East Side vollständig glasierte Kringel auf den Markt brachte und exklusive Zutaten wie Valrhona-Schokolade und frisches Obst verwendete.

CROISSANTS

Das perfekte Croissant stammt von Ceci-Cela. Es schmeckt nach Butter, ist außen knusprig und innen blättrig. Neben dem Klassiker werden auch Varianten mit Schokolade und Mandeln angeboten.

BABKA UND CHALLAH
Babka, eine polnische Spezialität, ist ein reichhaltiges Gebäck, das meist als Dessert oder zum Frühstück gegessen wird. Bei *challah* handelt es sich um einen Hefezopf für den Sabbat und spezielle Feiertage.

PEKANNUSS-ROSINEN-BROT
Eli Zabar ließ sich zu dieser Kreation von den Rosinen-Pumpernickel-Broten vieler jüdischer Bäckereien anregen. Das Brot aus weißem Biomehl wird mit gemahlenen und gehackten Pekannüssen bereitet. Viele Bäcker bieten eine ähnliche Variante.

ROGGENBROT
Für ein gutes Sandwich benötigt man gutes Roggenbrot. Orwasher's Bakery hat sich auf dieses traditionelle osteuropäische Brot spezialisiert. Abram Orwasher, der heute den Betrieb seines Großvaters leitet, weiß, dass der Sauerteig das Geheimnis von gutem Roggenbrot ist. Er verwendet heute noch die gleichen Kulturen, die schon bei der Eröffnung der Bäckerei 1916 für den Sauerteig eingesetzt wurden. Die Bäckerei verkauft traditionelles Roggenbrot aus Roggen- und Weizenmehl, mit und ohne Kümmel, und eine Variante mit einem höheren Roggenanteil.

KNISH
Der jüdische Kuchen aus Osteuropa besteht aus einem dünnen, leichten Teig, der mit Spinat, Fleisch oder einer Kartoffelbrei-Zwiebel-Mischung gefüllt ist. Die besten *knishes* bekommt man in alten Spezialgeschäften wie Yonah Schimmel Knishery, Mrs. Stahl's Knishes und Knish Nosh's Knishes.

BIALY
Das jüdische Brot ist nach der polnischen Stadt Bialystok benannt, in der es erfunden wurde. Anders als Bagels wird es nicht gekocht, sondern vor dem Backen mit gebratenen Zwiebeln bestreut.

BAGEL
Das wie Doughnuts geformte jüdische Hefebrot ist im 17. Jahrhundert in Europa entstanden, doch zu echter Berühmtheit gelangte es erst durch New Yorker Bäcker. Echte Bagels, etwa von Ess-a-Bagel, werden von Hand gerollt und vor dem Backen kurz gekocht. Dies verleiht ihnen Glanz und macht sie im Innern schön feucht und fest. Selbst Puristen, die früher unverfälschte Bagels bevorzugten, schätzen heute die vielen unterschiedlichen Oberflächen mit Sesam, Mohnsamen, Salz oder Zwiebeln.

Jüdische und italienische Feinkostläden geben einen kleinen Einblick in die Traditionen der frühen Einwanderer in New York. Für ein klassisches *Pastrami*-Sandwich oder einen »hero« mit reichlich Fleisch und allen Extras stehen die Kunden gern an den Theken Schlange.

DELICATESSENS

Die New Yorker *delicatessens*, Feinkostläden mit traditionellen Spezialitäten, gehen aufs 19. Jahrhundert zurück, als jüdische Immigranten *pastrami* anboten, haltbar gemachtes Fleisch. Das Rindfleisch wurde für einundzwanzig Tage in eine Lake mit Koriander, Pfeffer, Knoblauch und Gewürznelken eingelegt und anschließend acht Stunden über Hickoryholz geräuchert. Nun brauchte man es nur noch zurechtzuschneiden und zu dämpfen. Für die eigene Herstellung war das Verfahren allerdings zu aufwendig, und so wusste man die in den jüdischen Vierteln entstehenden *delicatessens*, die *pastrami* verkauften, sehr zu schätzen. An einer kleinen Theke wurden außerdem Frankfurter, *knishes* (siehe Seite 39), Roggenbrot und Pickles serviert.

In der koscheren jüdischen Küche müssen Fleisch und Milchprodukte separat zubereitet werden, also benötigte man zwei Küchen. Darum entstanden für religiöse Juden getrennte koschere »Deli-Restaurants« und koschere Restaurants mit Milchprodukten. Die so genannten *delis* wurden schnell für ihre großzügigen Portionen *pastrami*, Corned Beef und Rindfleisch-Sandwiches mit Krautsalat und Pommes frites bekannt.

In den koscheren »Milch-Restaurants« bekam man dagegen jüdische Spezialitäten mit Milch und Milchprodukten. Das fünfzig Jahre alte Diamond Dairy Restaurant mit seiner langen Theke und wenigen Tischen im zweiten Stock des New York Diamond Exchange ist mittlerweile das einzige Restaurant dieser Art in Manhattan. Bekannt sind vor allem seine *cheese blintzes* (dünne Pfannkuchen mit Käsefüllung) und *kugel* (gebackener süßer Nudelpudding).

Die Anzahl der traditionellen *delis* in den einzelnen Stadtbezirken ist stark zurückgegangen. Doch manch neues Geschäft ist entstanden, um Touristen eine New Yorker Deli-Erfahrung bieten zu können. *Pastrami* bekommt man heute bei den wenigen noch existierenden Herstellern in Brooklyn und der Bronx. Angesehene *delis*, etwa Katz's Delicatessen, Carnegie Deli in Manhattan und Ben's Best in Queens, sind sehr stolz auf ihre traditionellen *pastrami*.

Das Second Avenue Deli, seit fünfzig Jahren in East Village (im so genannten »jüdischen Rialto«) angesiedelt, und Ben's Best sind echte koschere *delis*. Die anderen *delis* der Stadt gelten dagegen nur als »kosher style«, wie etwa das Carnegie Deli, Katz's Delicatessen und Stage Deli. Sie bewahren das Wesen der jüdischen Küche in Amerika, bieten aber

Ob Sandwich oder Käsekuchen, stets werden reichliche Portionen geboten.

AURICCHIO
STRAVECCHIO
AURICCHIO
Breadsticks
Roberto
Breadsticks
C·DIPALO
FORMAGGIO
AURICCHIO

auch nicht koschere Speisen an. Eine weitere Spezialität dieser *delis* ist das »Reuben Sandwich« – gegrilltes Corned Beef mit Schweizer Käse und russischem Dressing.

In einem typischen *deli* hängen Salamis und andere Wurstwaren von der Decke, die Vitrinen sind mit Spezialitäten wie gehackter Leber, Renkensalat, Spinat-Kartoffel-*Knishes* (siehe Seite 39) und Brotpudding gefüllt. In den Regalen an den Wänden finden sich Roggenbrote, Gläser mit Fox's U-Bet Chocolate Flavor Syrup, Kästen mit Dr. Brown's Cel-Ray Tonic oder Schachteln mit koscherem Salz. All dies wird zum Verkauf angeboten und erinnert an jene Tage, als *delis* gleichzeitig Lebensmittelläden waren, die auch am Sonntag geöffnet hatten. Auf jedem Tisch stehen Teller mit kostenlosen Pickles, und die *Pastrami*-Sandwiches sind so groß, dass man kaum hineinbeißen kann.

Besonderen Stil besitzt das Carnegie Deli, die sich seit 1937 im Theater District befindet. An den Wänden hängen Fotos von Prominenten, und die Sandwiches sind mit ihren jeweils 500 Gramm die größten der Stadt. Sie heißen »The Woody Allen«, »Fifty Ways to Love Your Liver« und »Tongue's for the Memory«. Zum Eindruck eines unverwechselbaren New Yorker Phänomens tragen außerdem die Kellner im Smoking bei.

Ein Besuch im Katz's, seit 1888 in der Lower East Side, ist wie eine Reise in die Vergangenheit. In den großen Fenstern an der Houston Street hängen Salamis und erinnern an den alten Slogan: »Schicken Sie eine Salami an Ihren Jungen in der Army.« Die Kunden ziehen beim Eintreten eine Nummer und stellen sich an der Theke an, wo saftiges Fleisch noch von Hand in Scheiben geschnitten wird. Haben die Kunden bestellt, bekommen sie ein Stück Fleisch zum Kosten, ehe die Sandwiches gemacht werden. Viele Kellner arbeiten hier schon seit fünfzig Jahren. Ihre Schroffheit ist nur gespielt, gesellen sie sich doch später oft zu einer Gruppe dazu.

Ein Sandwich, das dem Vergleich mit den Spezialitäten eines jüdischen *deli* standhält, ist das italienische »hero«. Die Food-Autorin Clementine Paddleford gab ihm 1936 diesen Namen, nachdem sie bemerkt hatte: »Man muss schon ein Held sein, um es ganz aufzuessen.« Für einen »hero« wird ein knuspriges helles Brötchen ausgehöhlt und mit stattlichen Mengen aufgeschnittenem Fleisch, Käse, Peperoncini, gerösteter süßer Paprika oder getrockneten Tomaten gefüllt. Bei dem Fleisch kann es sich um Salami, Schinken, Capicolla, Mortadella oder Truthahn handeln, beim Käse um geräucherten Mozzarella oder Provolone. Oft kommen noch etwas Olivenöl und Rotweinessig hinzu sowie Salz und Pfeffer.

»Heros« werden auf Bestellung in Faicco's Pork Store zubereitet, einem heiteren Laden in der Bleecker Street in West Village. Auf der einen Seite stehen importierte Konserven, auf der anderen eine Vitrine mit Fleisch und eine mit Feinkostprodukten wie Oliven, eingelegten Champignons und Paprika. Im Italian Food Center in der Grand Street werden auf Bannern, die über der langen Theke hängen, die Sandwich-Spezialitäten angepriesen: »The New Yorker« und »The Little Italy« – beide über ein Pfund schwer. Dieses Geschäft bietet die größte Auswahl an Olivenöl, hausgemachtem Mozzarella und Sardellen. Hier sind die Traditionen von Little Italy lebendig geblieben.

All diesen Feinkostläden gemein sind die großzügigen Portionen. Die reichhaltigen *Pastrami*-Sandwiches sind so groß, dass man kaum hineinbeißen kann.

Vielfalt und Qualität der Speisen, die in New Yorks Straßen verkauft werden, machen sie zur echten Alternative zu einem Restaurantbesuch. Die New Yorker, bekanntermaßen stets in Eile, genießen die große Auswahl. Vom einfachen Snack bis zum Gourmet-Imbiss namhafter Küchenchefs wird alles geboten.

STREET FOOD

Das New Yorker Leben findet großenteils auf der Straße statt. Da geben die Snacks, die an kleinen Wagen, Kiosken und winzigen Läden verkauft werden, auf dem Weg zur oder von der Arbeit neuen Schwung.

Seit Bestehen der Stadt gehört es einfach dazu, auf der Straße zu essen. Zudem haben sich neu angekommene Einwanderer als Straßenverkäufer stets ganz gut über Wasser halten können. Irische Einwanderer verkauften über offenem Feuer geröstete Kartoffeln. In den 1880er-Jahren steuerten chinesische Immigranten Pfefferminzstangen zum Repertoire bei. Italienische Einwanderer verkauften an kleinen Ständen Würste, Paprika und *zeppole*, frittierten Teig, bestreut mit Puderzucker – eine Tradition, die man heute noch in der Arthur Avenue in der Bronx oder auf Straßenfesten beobachten kann. Zu Beginn des 20. Jahrhunderts boten Straßenverkäufer der Lower East Side Hotdogs mit Sauerkraut für ganze fünf Cent an. Doch obwohl das Gewerbe heute sehr viel professioneller ist und man eine Genehmigung benötigt, wird es nach wie vor von neu eingetroffenen Immigranten dominiert.

In allen fünf Stadtbezirken gibt das *street food* immer noch Aufschluss über das kulturelle Leben des jeweiligen Viertels. In der Canal Street in Chinatown scharen sich die Menschen um Straßenstände mit Frühlingszwiebel-Pfannkuchen, gebratenen Enten, chinesischen Klößchen und pfannengerührten Nudeln. Weiter im Süden, unweit der Wall Street, braten Straßenverkäufer für die vielen Büroangestellten Eier mit Speck. In der osteuropäischen Enklave von Brighton Beach wird an den Ständen Borschtsch verzehrt, während *tamales, empanadas, tacos, flautitas* und andere mittelamerikanische Spezialitäten in Red Hook in Brooklyn hoch im Kurs stehen.

Mit den Jahren ist das Angebot an *street food* einheitlicher geworden, aber ab und zu trifft man noch auf wahre Originalität: einen Popcorn-Händler in der Delancey Street, einen Verkäufer riesiger gefüllter Kartoffeln in Midtown oder *okonomiyaki*, japanische Gemüsepfannkuchen, in der Ninth Avenue. Längst ist *street food* auch »gesellschaftsfähig«. Adam Perry Lang von Daisy May's BBQ U.S.A. bietet in seinen Wagen in Midtown und an der Wall Street Chili und Sandwiches mit Schweinefleisch an, und Danny Meyer vom Union Square Café and Gramercy Tavern hat im Madison Square Park das Shake Shack eröffnet – mit Hotdogs, Hamburgern und gefrorener Eiercreme.

Street food hat zwei Vorzüge: Es ist schnell fertig und günstig.

BRÖTCHEN UND KAFFEE

GERÖSTETE NÜSSE

HOTDOGS UND BRATWURST

BRÖTCHEN UND KAFFEE

Das Frühstück unterwegs – mit einer Tasse Kaffee und einem Brötchen mit Butter – war schon lange vor den Kaffeebar-Ketten ein New Yorker Ritual. Ob im *deli* an der Ecke oder am Straßenstand: Stets wird der Kaffee in einen blau-weißen Pappbecher gefüllt, den eine Darstellung der Akropolis ziert. Für die Bestellung an einem solchen Stand verwendet man bestimmte Ausdrücke: *black* (ohne Milch und Zucker), *dark* (mit ein wenig Sahne), *light* (mit viel Sahne) und *regular* (mit Sahne und zwei Päckchen Zucker).

OBST

Obst ist gesund und günstig und eignet sich als Frühstück oder Imbiss. In den Straßen New Yorks wird es auf Holztischen, oft unter großen Sonnenschirmen, verkauft. Die Händler wiegen die gewünschten Beeren, Äpfel, Orangen, Bananen oder Trauben für die Kunden auf großen Waagen ab. Im Sommer parken in der 125th Street in Harlem voll beladene Lastwagen mit Wassermelonen, die direkt von der Ladefläche verkauft werden. In Chinatown gehören zu den angebotenen Früchten auch Spezialitäten wie Litschis und Mangos.

GERÖSTETE NÜSSE

Der typische Duft von über Kohlefeuer gerösteten Kastanien ist untrennbar mit der Weihnachtszeit in der Fifth Avenue verbunden. Die heißen Maronen werden in großen Papiertüten verkauft, und das Ablösen der verkohlten Schale gehört zum Genuss einfach dazu. Der süße Duft von mit Honig gerösteten Erdnüssen, Mandeln, Cashewnüssen und Kokosstreifen, der von vielen Straßenständen aufsteigt, lockt dagegen das ganze Jahr hindurch die Kunden an.

HOTDOGS UND BRATWURST

Nathan's Famous in Coney Island machte die Hotdogs einst berühmt und verkauft sie bis zum heutigen Tag am ursprünglichen Standort in Brooklyn. Den typischen Hotdog vom New Yorker Straßenstand bekommt man mit Sauerkraut, Senf, Zwiebeln in Tomatensauce und manchmal auch mit süßen Pickles. »Hallo Berlin« heißt ein Wagen in der Fifth Avenue mit einer Auswahl verschiedener Bratwürste, die dem Geschmack der New Yorker entgegenkommt; denn lange Warteschlangen beweisen, wie gut ein Hotdog von Gray's Papapaya schmecken muss.

WEICHE BREZELN

NUDELN

FALAFEL

WEICHE BREZELN

Obwohl die großen, weichen Brezeln eigentlich aus Philadelphia stammen, betrachtet New York sie als ureigene Spezialität. Bereits in den 1920er-Jahren verkaufte man hier Brezeln auf der Straße, und bis heute werden sie an vielen Ständen angeboten. Dort, wo man Hotdogs bekommt, gibt es auch Brezeln, die über grobem Salz warm gehalten werden. Die Verkäufer legen sie auf ein Stück Alufolie und geben nach Wunsch noch etwas braunen Senf darüber.

SUPPEN

Suppen sind ein beliebter Mittags-Snack, den man in New York im Straßenverkauf und an Kiosken bekommt. In Al Yeganeh's Soup Kitchen International in Midtown gibt es bis zu zehn verschiedene Suppen, auch Klassiker wie Linsen- und Chilisuppe, Hummer-Bisque oder die spezielle Erfindung des Besitzers: griechische Moussaka-Suppe. Ein weiterer beliebter Suppen-Kiosk gehört zur Bierschenke Finelli's in Soho. Zum täglichen Angebot der zehn verschiedenen Suppen gehören kubanische Schwarze-Bohnen-Suppe, Mais-Chowder und gekühlter Tomaten-Gazpacho.

NUDELN

Probleme mit der Sprache, die bei einem Restaurantbesuch in Chinatown schon einmal auftreten können, spielen beim Essen am Straßenstand keine Rolle mehr. Die Kunden deuten einfach auf die Speisen ihrer Wahl. Die Nudelstände bieten gewöhnlich drei verschiedene Sorten an: *mai fun*, gebratene Reis-Vermicelli mit Eiern und Kohl; *lo mein*, lange, dünne Eiernudeln mit pfannengerührtem Gemüse; und *cheung fun*, gedämpfte Reisnudelrollen.

FALAFEL

Vergleicht man die verschiedenen Küchen der jüngeren ethnischen Gruppen, so sind es die Speisen des Nahen Ostens, die die New Yorker im Sturm erobert haben. Dies beweisen auch die vielen Straßenstände mit Gyros, Kebab und Falafel, den würzigen frittierten Kichererbsenbällchen, die mit Salat, Tomaten, Zwiebeln und Joghurtsauce in Pitabrot gefüllt werden. Legendär ist Moshe's Falafel in Midtown, das auf Bestellung die besten Falafel der Stadt bereitet.

Die New Yorker Pizza ist legendär und weit über die Stadtgrenzen berühmt. Jeden Tag wird der Teig frisch zubereitet, und die einfachen Zutaten für den Belag sind ebenfalls ganz frisch. Im Ziegelofen bekommt die Pizza dann ihren herrlich knusprigen Rand.

PIZZA

Die Entstehung der New Yorker Pizza, liebevoll *pizza pie* genannt, geht auf die 1890er-Jahre zurück. Damals begannen italienische Lebensmittelhändler, aus Brotteig in ihren Öfen neapolitanische Pizza mit Tomatensauce und Mozzarella zu backen. Gennaro Lombardi, der Anfang des 20. Jahrhunderts in seinem Geschäft in Little Italy auch Pizza verkaufte, soll den ersten *pizza parlor* der Stadt besessen haben. Jene Bäcker, die zur Entstehung der New Yorker Pizza beitrugen, haben bei Lombardi angefangen: Anthony »Totonno« Pero eröffnete 1924 in Coney Island die Totonno Pizzeria Napoletano. Fünf Jahre später richtete John Sasso in Greenwich Village John's Pizzeria ein. Im Jahr 1933 folgte Pascale Lancieri mit der Patsy's Pizzeria in East Harlem.

Was die *pizza pies* in diesen und einigen anderen Pizzerias auszeichnet, ist die Qualität der Zutaten, die Sorgfalt bei der Zubereitung und die Art, wie sie gebacken werden. Für die Sauce verwendet man San Marzano, eine sehr süße italienische Eiertomate. Der hausgemachte Mozzarella stammt meist aus dem Viertel.

Ganz wichtig ist natürlich der Ziegelofen mit Kohlefeuer. In New York gibt es nur eine begrenzte Anzahl solcher Öfen, der Bau neuer Öfen ist nicht erlaubt. Darum müssen neue Pizzerias einen Standort mit einem bereits existierenden Ofen finden. Das Feuer darf nicht ausgehen und wird jeden Morgen wieder mit neuer Kohle angeheizt, sodass es gleichmäßige 450 °C erreicht hat, wenn die Pizzeria öffnet. Die Pizzas werden in den Ofen geschoben und nach wenigen Minuten wieder herausgeholt – dampfend heiß, mit knuspriger, aber noch weicher Kruste und kleinen dunklen Stellen auf der Unterseite.

Neben diesem Klassiker gibt es noch eine New Yorker Pizza – nach sizilianischer Art –, nicht ganz so gefeiert, aber geschätzt. Diese dicke Pizza mit viel Olivenöl wird auf dem Blech gebacken und in rechteckige Stücke geschnitten. Man bekommt sie in verschiedenen Varianten.

In den letzten Jahren haben die New Yorker ihre traditionelle Pizza wieder sehr schätzen gelernt und debattieren oft darüber, wer nun die beste Pizza backt. Diese Leidenschaft hat neue Pizzerias entstehen lassen, die alle Verbindungen zu den führenden New Yorker Pizza-Familien haben und traditionelle Ziegelöfen verwenden. In Manhattan gibt es heute mehrere Filialen von John's, Totonno besitzt eine Pizzeria in der West Side, und Grimaldi's führt einen erstklassigen Pizzeria-Laden in Brooklyn.

Was bei einer New Yorker Pizza zählt, ist Tradition, nicht Innovation.

Das Pizzabacken ist eine Kunst, die Jahre der Erfahrung verlangt. Junge Pizzabäcker dürfen lange Zeit nur Zutaten vorbereiten, ehe man ihnen eine der vier Hauptaufgaben überträgt: den Teig formen und mit Sauce bestreichen, den Käse und andere Beläge darauf verteilen, die Pizza im Ofen backen und die heiße Pizza in Stücke schneiden.

Schnell ein Stück Pizza

New Yorker, die nur schnell einen Bissen essen möchten, kaufen sich gern ein Stück heiße Pizza. Entsprechende Pizzerias gibt es in der ganzen Stadt, oft nur mit Stehtischen ausgestattet. Das Stück Pizza wird im Ofen erhitzt und auf einem Teller über die Theke gereicht. Meist falten die New Yorker es dann in der Mitte längs zusammen. So fällt kein Belag herunter, und die Pizza lässt sich leichter essen – im Gehen, versteht sich.

Pizza-Beläge

In New York wird mit der Pizza nicht experimentiert. Zutaten, mit denen man in anderen Städten gern einmal eine Pizza belegt, etwa Grillsauce oder Ananas, ernten in New York nur Kopfschütteln. Die New Yorker Pizza ist klassisch, also mit Tomatensauce und frischem Mozzarella belegt. Akzeptiert sind jedoch auch traditionelle italienische Zutaten wie Peperoni, Wurst, Fleischbällchen, Paprika, Zwiebeln, Champignons und/oder Sardellen.

Große Überraschung erntet bei Besuchern von außerhalb die »weiße Pizza«, auch *pizza bianca* genannt. Der Name sagt dabei alles, denn diese Pizza ist einfach nur mit Mozzarella, Ricotta und geriebenem Romano belegt. Lombardi's in Little Italy ist für seine *clam pie* bekannt, eine Spezialität aus New Haven in Connecticut mit frischen Venusmuscheln, Knoblauch und Oregano. Two Boots mit Filialen in Manhattan und Brooklyn rühmt man wiederum für seine Maismehlkruste. Die Beläge sind natürlich nichts für Traditionalisten: gegrillte Garnelen, Flusskrebse, Schweinsbratwurst, Jalapeño-Chilis und würziges Büffelfleisch.

Pizza zubereiten

DER TEIG Für den Teig werden frische Hefe und glutenreiches Mehl verwendet. Nach dem Kneten mit Olivenöl einreiben und gehen lassen.

DAS FORMEN Hierfür wird die Teigkugel zu einer großen, runden Teigplatte geformt. Den Teig dabei durch die Luft zu wirbeln gilt als Angeberei. Zu den traditionellen Methoden gehört es, die Teigränder mit beiden Händen auseinander zu ziehen oder den Teig von einer Hand in die andere gleiten zu lassen. Die Teigplatte darf keine dicken Stellen oder Löcher haben.

PIZZA BELEGEN In einigen Pizzerias werden frische Mozzarellascheiben auf den Teig gelegt und mit Sauce beträufelt. Andernorts kommt die Sauce zuerst, gefolgt vom Käse. Dann werden weitere traditionelle Zutaten darauf verteilt.

PIZZA BACKEN Der »stick man« legt die Pizza auf eine lange Holzschaufel und schiebt sie in den heißen Ziegelofen, ohne dass sich der Belag dabei verschiebt. Nach 3 Minuten Backzeit ist die Pizza fertig. Sie wird dabei alle 30 Sekunden gedreht, damit sie gleichmäßig backt.

In New York ist die Verabredung auf einen Cocktail eine ritualisierte Form der Unterhaltung. Ob in einer schicken Bar oder irgendeiner im Viertel, im Bistro oder einem eleganten Hotel – die New Yorker lieben es, sich nach der Arbeit auf einen Drink zu treffen oder auch bis in die frühen Morgenstunden zu feiern.

BARS UND COCKTAILS

New Yorks Barszene ist so alt wie die Stadt selbst. Schon die ersten Siedler besuchten regelmäßig die Tavernen, die Holländer im 17. Jahrhundert eröffnet hatten. Zwei Jahrhunderte später führten irische Einwanderer Brauereischenken ein. Doch erst in den 1920er-Jahren festigte sich New Yorks Ruf als Stadt der Bars, als zur Zeit der Prohibition eine Flüsterkneipe nach der anderen aufmachte. Zwei dieser »Kneipen« erfreuen sich bis heute großer Beliebtheit: der »21« Club in Midtown und das Chumley's in Greenwich Village.

Die Barszene der Stadt ist zudem eng mit der Literaturszene verbunden. Viele berühmte Schriftsteller, etwa die Stammgäste des Chumley's F. Scott Fitzgerald und Jack Kerouac, waren berüchtigte Trinker. In der White Horse Tavern in Greenwich Village ist genau dort eine Gedenktafel angebracht, wo der Dichter Dylan Thomas zusammenbrach. Zur berühmten »Algonquin-Runde« im Algonquin Hotel gehörten auch Dorothy Parker und A. L. Mencken. Der gewandte Mencken beschrieb den Martini als »einzige Erfindung Amerikas von der Perfektion eines Sonetts«.

Einige Bars haben sich einer ganz bestimmten Richtung verschrieben. Pravda in Soho etwa hat sich auf Wodka spezialisiert, Sakagura in Midtown auf *Sake*. Bars in Bistros wie Balthazar in Soho und Pastis in Greenwich Village bieten Aperitifs nach Art der Franzosen an, etwa einen Champagner-Cocktail vor dem Essen. In New York hat man aber auch Sinn für Authentizität, darum sind die beliebtesten Bars zugleich die ältesten: Pete's Tavern, Ear Inn und P. J. Clarke's.

Einige besonders lebendige Bars findet man in den Lobbys angesagter Hotels, so Ian Schragers Hudson und Royalton in Midtown. Downtown locken das Mercer Hotel in Soho und das Maritime Hotel in Chelsea jede Nacht New Yorker wie Gäste von außerhalb in Scharen an. Einer treuen Klientel können sich die eleganten Hotelbars in der East Side erfreuen: die Oak Bar und die Oyster Bar im Plaza Hotel, Bemelmans Bar im Carlyle Hotel und die King Cole Bar im St. Regis Hotel (hier bekam die Bloody Mary ihren Namen).

Die New Yorker nehmen die Qualität ihrer Cocktails sehr ernst, und dies gilt auch für viele Barmixer. Bars wie Milk and Honey, Angel's Share und Temple Bar verwenden nur selbst gepresste Säfte, frische Garnituren und beste Spirituosen. Ganz egal, welcher Trend gerade herrscht, die New Yorker warten schon auf den nächsten Drink – vielleicht ebenso ein Klassiker wie der Manhattan oder Cosmopolitan.

Von Martini bis Mojito ist in New Yorks schillernder Barszene alles geboten.

KLASSISCHER MARTINI

Der Wodka-Martini hat seine Anhänger, doch der Klassiker ist und bleibt der Martini mit Gin – auf Eis oder in ein gekühltes Martiniglas abgeseiht und mit Oliven oder etwas Zitronenschale garniert. Sein Debüt soll er Ende des 19. Jahrhunderts im Occidental Hotel in San Francisco gehabt haben. Sein Name stammt möglicherweise von den Vermouterzeugern Martini und Rossi. In New York trank US-Präsident Franklin D. Roosevelt 1933 mit einem trockenen Martini (mit einem Spritzer Olivenlake) auf das Ende der Prohibition.

FRÜCHTE-WODKA

Anfang der 1990er gab es in den Bars in Manhattan eine Premiere: Früchte wie Ananasscheiben oder ganze Beeren wurden in einen Glaskrug gefüllt und mit Wodka aufgegossen. Verschiedene Hersteller reagierten auf den neuen Trend und produzierten eigene, mit Früchten aromatisierte Wodkas. Eine New Yorker Bar, die diese Tradition fortführt, ist das Pravda in Soho mit einer Auswahl an Wodkas aus der ganzen Welt. Spezialität des Hauses sind jedoch die eigenen Mischungen, etwa mit Brombeere, Kirsche, Ananas, Kokos und Ingwer sowie daraus bereitete Cocktails.

MANHATTAN

Sir Winston Churchills Mutter, Lady Randolph Churchill, veranstaltete 1874 im Manhattan Club eine Party zu Ehren des neuen New Yorker Gouverneurs Samuel Tilden. Zu diesem Ereignis erfand der Barmixer jene legendäre Mixtur aus Bourbon, süßem Vermout, Bitter und zerstoßenem Eis, in ein Martiniglas abgeseiht und mit einer Maraschinokirsche garniert. Für trockenen Manhattan verwendet man trockenen Vermout. Ein perfekter Manhattan, halb mit trockenem, halb mit süßem Vermout, ist eine Spezialität in Bemelmans Bar im Carlyle Hotel.

MOJITO

Der beliebte kubanische Mojito (»kleine Sauce«) ist ein Cocktail mit viel Eis. Frische Minze und Zucker werden zusammen zerstoßen und mit Limettensaft, Rum und etwas Selterwasser vermischt.

GIBSON

Den Gibson gab es lange vor dem Martini. Es handelt sich um einen sehr trockenen Martini, mit einer weißen Zwiebel statt einer Olive oder Zitronenschale garniert. Charles Connolly, Barmixer im New Yorker Player's Club, soll den Drink um 1900 für den Illustrator C. D. Gibson erfunden haben.

BELLINI

Dieser Aperitif aus hellem Pfirsichnektar und Prosecco wurde von Harry Pickering in Harry's Bar in Venedig kreiert. Der Name knüpft an die rosigen Farbtöne in Gemälden des Renaissancekünstlers Bellini an. Bellini wird in Harry's Bar in New York serviert.

CITRON LEMONADE

Die erfrischende Kombination aus Wodka mit Zitronenaroma, frischem Zitronensaft, Zuckersirup, zerstoßener Minze und Sodawasser im hohen Tumbler wurde 2004 vom Chef-Barmixer im Lever House kreiert und hat das Zeug zum Klassiker.

BIG APPLE MARTINI

Ständig wird versucht, den Martini neu zu erfinden. Zu den vielen neuen Interpretationen gehören Cocktails wie der Wassermelonen-Martini, der Granatapfel-Martini und der rauchige Martini (mit einem Schuss rauchigem schottischem Single Malt Whisky). Keiner hat jedoch so eingeschlagen wie der Big Apple Martini, eine Mischung aus Wodka, Apfellikör und frischem Limettensaft, garniert mit einer grünen Apfelscheibe.

BRONX

Der wenig bekannte Bronx besteht aus Gin, Orangensaft sowie süßem und trockenem Vermout und wurde im Waldorf-Astoria von einem Stammgast erfunden. Der Drink ist nicht nach dem Stadtteil, sondern dem Zoo benannt und war zu seiner Zeit durchaus beliebt. Heute haben ihm Barmixer mit einem Sinn für historische Cocktails wieder zu einer gewissen Popularität verholfen.

COSMOPOLITAN

Wo und wann der Cosmopolitan erfunden wurde, ist unbekannt. Doch kein Zweifel besteht darüber, dass dieser rosarote Drink zum Ausdruck des eleganten New Yorks geworden ist. Er besteht aus Wodka (häufig mit Zitronenaroma), Triple Sec, Rose's Limettensaft und Cranberrysaft und wird in einem Martiniglas mit etwas Zitronenschale serviert. Dieser Vorläufer der zahllosen Wodka-Martinis entstand Ende der 1980er, kam in den 1990ern sehr in Mode und ist heute noch ebenso populär.

Von außen betrachtet, mag New Yorks riesige Restaurantlandschaft einem ständigen beliebigen Wechsel unterworfen sein. Doch tatsächlich wird sie von einer Hand voll visionärer Restaurantbesitzer und Chefköche gestaltet, die sich unaufhörlich um eine neue, aufregende kulinarische Bühne bemühen.

TREND-RESTAURANTS

Als Hauptstadt der Mode, Medien und Kunst bietet New York einen mehr als fruchtbaren Boden für einflussreiche Restaurants und ihre Küchen. Diese wohl kosmopolitischste aller Städte ist der ideale Schauplatz für einen internationalen Wettstreit. Junge Küchenchefs aus aller Welt strömen hierher, um auf ihrem Gebiet bis an die Spitze zu gelangen, während Restaurantbesitzer die Erwartungen der New Yorker am liebsten noch übertreffen möchten und ihre »Tempel« wie Theaterbühnen gestalten.

Die trendbestimmenden New Yorker Restaurants gehören allerdings nur einigen wenigen Persönlichkeiten. Danny Meyers Union Square Café war Vorreiter in puncto *comfort food.* Seine Gäste fühlen sich hier ebenso wohl wie in seinen anderen Gastro-Tempeln, etwa der Gramercy Tavern und des Blue Smoke mit authentischem Memphis-Barbecue. Mario Batali serviert im Babbo Ristorante e Enoteca eine moderne italienische Küche und besitzt mit seinem Partner Joseph Bastianich noch weitere hochrangige Restaurants, von der Seafood-Trattoria bis zur Weinbar (siehe Seite 59). Der in Frankreich geborene Daniel Boulud arbeitete bereits mit vierzehn Jahren im Restaurant und lernte später bei angesehenen französischen Chefköchen wie Roger Vergé. Nach seiner Zeit als leitender Küchenchef in New Yorks renommiertem Le Cirque eröffnete er in der Upper East Side das Daniel, das seinen Beitrag zur zeitgenössischen französischen Küche leistet. Bald folgte das populäre Café Boulud.

Jean-Georges Vongerichten begann seine Karriere in den USA mit neuen Varianten der klassischen französischen Küche – zuerst im JoJo in der Upper East Side, später im Jean Georges am Central Park West. Für die Ausstattung seiner neuesten Themen-Restaurants verpflichtete er sogar berühmte Architekten. So werden im 66 in Tribeca moderne Interpretationen chinesischer Speisen im nüchternen Design des Architekten Richard Meier gereicht. Das Spice Market im Meatpacking District wiederum serviert asiatisches *street food* in weitläufigen exotischen Räumlichkeiten nach den Vorstellungen Jacques Garcias. Garcia entwarf auch das prächtige Interieur für Vongerichtens V Steakhouse, mit vergoldeten Säulen, Samtstühlen und Kronleuchtern.

Der vielleicht innovativste Restaurantbesitzer New Yorks ist Stephen Hanson, Chef der B. R. Guest Group. Ist sein Name auch kaum bekannt, seine Restaurants sind es umso mehr, etwa die schicke Fiamma Osteria und Ruby Foo's Dim Sum in Soho.

Innovative Restaurantbesitzer sind Meister kulinarischer Neuinszenierungen.

Bei Mario Batali in der Küche

Früher schrieb Mario Batali pro Woche mehrere Briefe und entschuldigte sich bei den Gästen seines berühmten Babbo Ristorante e Enoteca für die Musik beim Essen. Im Babbo hören die Gäste schon einmal Grateful Dead, Led Zeppelin und Jane's Addiction, während sie Batalis Rindfleischravioli mit Taubenleber und schwarzen Trüffeln genießen und Hunderte von Dollars für eine Flasche Wein ausgeben.

Konventionen waren Batali nie zu wichtig, und so rechtfertigt er sich heute auch nicht mehr für seinen Musikgeschmack. Er glaubt, dass sich die Regeln des feinen Essens gerade verschieben: »Gespür und Selbstvertrauen werden die Überbetonung des Details ersetzen.« Das kann für Batali nur von Vorteil sein.

Das Besondere an Batalis Küche besteht darin, einem Gericht solche Zutaten hinzuzufügen, dass das Ergebnis die Erwartungen der Gäste weit übertrifft. Bries, zum Beispiel, wird mit süßsauren Zwiebeln, Entenschinken (Brust oder Keule) und *Membrillo*-Essig serviert. »Der Entenschinken macht den Unterschied«, erklärt er. Denn er weiß, eine gut gewählte Zutat versetzt seine Gäste in Begeisterung. Batali kennt aber auch die Grenzen: »Nicht jeder Gang taugt zur gewaltigen Symphonie.« Pasta etwa sollte möglichst schlicht sein. »Wir bewegen uns auf diesem Grad zwischen Schlichtheit und Exzess.«

Batali hat zu allem eine eigene Meinung. Zur Avantgarde, der intellektuellen Interpretation von Gerichten, meint er: »Manchmal muss ein Essen einfach nur köstlich schmecken.« Zur explosionsartigen Ausbreitung von Themen-Restaurants lautet seine Meinung: »So ein Thema ist keine schlechte Sache, wenn es nicht zum Dogma wird.« Dass er sich so entschieden von seinen Überzeugungen leiten

Mario Batalis Küche hat europäische Wurzeln und ist gleichzeitig vom legendären amerikanischen Selbstvertrauen geprägt. Diese Kombination und sein großartiges Talent haben ihn zu einem landesweiten Star gemacht – und zum Besitzer einer wachsenden Zahl von Restaurants.

Bald nach der College-Zeit in den USA ging Batali nach Europa, absolvierte beim legendären Marco Pierre White in London eine Lehre und studierte danach in einem kleinen norditalienischen Dorf drei Jahre die italienische Küche. Im Februar 1992 kehrte er zurück – bereit für seinen Auftritt in der Restaurantszene. Es war gar nicht sein Ziel, einer der einflussreichsten Chefköche seiner Generation zu werden. Er konnte einfach gut kochen und hatte den Mut, etwas Neues zu wagen.

lässt, hat ihn nicht nur an die Spitze katapultiert. Es brachte ihm auch viele Preise ein, inklusive drei Sterne von der New York Times und zwei beliebte Fernsehshows.

Batalis eigene Restaurants haben zwar kein Motto, sind aber sehr individuell gestaltet: eine italienische Pizzeria in Räumlichkeiten, die an einen italienischen Bahnhof erinnern (Otto Enoteca Pizzeria in Greenwich Village); eine Trattoria in römischem Stil (Lupa, ebenfalls in Greenwich); eine süditalienische Seafood-Trattoria (Esca im Theater District); ein spanisches Tapas-Restaurant (Casa Mono in Gramercy Park) und eine Weinbar (Bar Jamón, ebenfalls in Gramercy Park). Zu seinen neuesten Projekten gehören ein Eiswagen und Il Posto im Meatpacking District, wo beste italienische Hausmannskost serviert wird.

Für die Käseerzeuger im Hudson River Valley und in New England ist die Herstellung von Käse nicht nur ein Broterwerb. Sie ist ein hoch geschätztes Handwerk, eine präzise Wissenschaft. Die New Yorker lieben diese preisgekrönten regionalen Käse, die in einigen der besten Restaurants angeboten werden.

KÄSE

Vor zwanzig Jahren gab es in New York nur eine Hand voll Geschäfte wie den Ideal Cheese Shop und Murray's Cheese Shop, die ausschließlich Käse verkauften, und zwar vorwiegend Importware. Mit dem zunehmenden Interesse an hochwertigen regional erzeugten Produkten entschlossen sich einige wenige, die sich mit dem besten Käse Europas vertraut gemacht hatten, die traditionelle Käseherstellung nach altbewährten Techniken zu erlernen. Im New Yorker Hinterland und in New England bauten sie Farmen für Milchwirtschaft auf und erzeugten hochwertige Produkte. Heute sind in dem gesamten Gebiet über hundert Käseerzeuger ansässig.

Käse aus der Milch von Weidevieh hat eine ganz besondere Qualität, die je nach Jahreszeit und Weideland leicht variiert. Der Nordosten der USA mit seinem fruchtbaren Schwemmland, frischem Quellwasser und einer vielfältigen Vegetation bietet ideale Weidebedingungen für Schafe, Ziegen und Kühe. Vermont Shepherd machte sich diese Vorzüge zunutze und gewann in den frühen 1990er-Jahren mit seinem Käse aus roher Schafmilch als erster regionaler Käsehersteller landesweite Anerkennung. New England, insbesondere Vermont, gilt heute als bedeutendste Käse erzeugende Region der USA.

Im Zuge des wachsenden Interesses für regionalen Käse servierten auch die Restaurants ihren Gästen die neuen Produkte. Terrance Brennan eröffnete 1993 unweit vom Lincoln Center das Picholine, ein Restaurant mit eigenem Käsekeller. Brennan gilt weithin als erster Restaurantbesitzer, der dem Käse angemessene Bedeutung einräumte. Im Picholine reicht man den Gästen zum Ausklang des Essens eine umfangreiche Käsekarte. Im Jahr 2001 eröffnete Brennan außerdem das Artisanal Fromagerie and Bistro, ein Restaurant und Geschäft, in dem über dreihundert verschiedene heimische und importierte Käsesorten in fünf Käsekellern reifen. Mittlerweile bieten viele der besten New Yorker Restaurants nach dem Essen eine anspruchsvolle Käseauswahl an. Colin Alevras vom The Tasting Room und Dan Barber vom Blue Hill in Greenwich Village etwa sind besonders stolz auf ihr Angebot an hochwertigen regionalen Käsesorten.

Traditionsreiche italienische Käsegeschäfte, etwa Joe's Dairy in Soho sowie Alleva Dairy und DiPalo's Fine Foods in Little Italy, stellen heute wie schon vor hundert Jahren täglich frischen Mozzarella und Ricotta her. All diese Geschäfte haben zahllose Kunden und beliefern auch viele Restaurants mit frischem Käse.

JOGHURT DER RONNY-BROOK FARM DAIRY

Den hervorragenden Geschmack verdankt dieser säuerliche Joghurt dem Futter der Kühe des Familienunternehmens im Hudson River Valley. Ronnybrook erzeugt auch Trinkjoghurt mit Fruchtaroma.

SCHAFMILCH-RICOTTA DER OLD CHATHAM SHEEPHERDING COMPANY

Old Chatham im Hudson River Valley stellt einen der cremigsten Schafmilch-Ricottas außerhalb Italiens her. Ein Großteil wird an New Yorker Küchenchefs geliefert, die den vollen Geschmack schätzen.

SPROUT CREEK DAIRY OURAY

Die Sprout Creek Dairy im Hudson River Valley ist Milchfarm und Ausbildungseinrichtung zugleich. Der Ouray reift hier drei bis fünf Monate. Der feste Käse mit dünner Rinde bringt ein wunderbar cremig-buttriges Aroma mit.

SPROUT CREEK DAIRY BARAT

Die kleinen Käselaibe von 185 bis 250 Gramm entwickeln nach nur drei bis vier Monaten Reifung ein komplexes Nussaroma mit der Schärfe von Farmhouse Cheddar. Der Käse hat eine trocken-feste, leicht krümelige Konsistenz.

ZIEGENKÄSE DER COACH FARM

Seit Mitte der 1980er-Jahre stellt die Coach Farm im Hudson River Valley frischen Ziegenkäse her. Mit den Jahren hat die Farm auch eine Herde von über eintausend französischen Bergziegen integriert. Diese Rasse liefert Milch mit einem hohen Fett- und Eiweißgehalt, die sich ideal zur Käseerzeugung eignet. Zu den Produkten der Coach Farm gehören gereifter Ziegenkäse, Ziegenkäse in Olivenöl und Kräutern und der Triple Crème mit 75 Prozent Fett. In vielen der besten New Yorker Restaurants stehen Käse der Coach Farm auf der Speisekarte.

SCHAF-ROHMILCHKÄSE DER UP A CREEK FARM ABBEY

Dieser Käse aus roher Schafmilch ist das einzige Produkt der Käseerzeuger Frankie und Mary Beth Whitten aus Vermont. Er muss vier bis sechs Monate reifen und hat eine feine Textur. Geschmacklich erinnert er an Greyerzer, mit leicht nussigem Aroma und einer angenehmen Schärfe. Am besten eignet er sich für eine Käseplatte mit süßer Beigabe, zum Beispiel Quittenpaste. Ein belgischer Käseerzeuger, der den Whittens die Herstellung beibrachte, erhielt das Rezept von einem Kloster.

SPROUT CREEK DAIRY TOUSSAINT

Das Rezept für diesen Käse entspricht dem für Ouray. Toussaint reift ebenfalls drei bis fünf Monate, doch die große, flache Form der Laibe gibt dem Käse einen scharf-komplexen Geschmack.

BERKSHIRE BLUE

Michael G. Miller erzeugt diesen Käse in der Berkshire Cheese Company in Lenox, Massachusetts. Der Rohmilchkäse (von Jersey-Rindern) ist dem Exmoore blue aus dem englischen Somerset nachempfunden. Er reift nur neun Wochen und hat einen milderen Geschmack als andere Blauschimmelkäse.

FRISCHER UND GRÄUCHERTER MOZZARELLA DER JOE'S DAIRY

Die cremigen Mozzarellakugeln, die täglich frisch in Joe's Dairy in Soho hergestellt werden, gehören zum besten Mozzarella in der Stadt. Der Käse besteht aus Vollmilch, und jeder Arbeitsschritt wird von Hand durchgeführt.
Fünf Tage in der Woche strömt aus Joe's Dairy der würzige Räucherduft von Hickoryholz. Der geräucherte Mozzarella, den der Besitzer Anthony Campanelli exportiert, ist ebenso cremig wie der frische Käse und schmeckt intensiv geräuchert.

QUARK VON DER HAWTHORNE VALLEY FARM

Die Hawthorne Valley Farm im New Yorker Hinterland gehört zu der größeren Hawthorne Valley Association, die sich der artgerechten Viehzucht ohne Hormone und Antibiotika sowie biologischen Produkten verschrieben hat. Zu den Spezialitäten der Farm gehört ihr feincremiger Quark mit einer Konsistent wie saure Sahne und einem säuerlichen Geschmack, der zwischen saurer Sahne und Joghurt rangiert. Der Frischkäse wird gern als Alternative zu Crème fraîche und Ricotta verwendet.

MASCARPONE DER VERMONT BUTTER AND CHEESE COMPANY

Die Vermont Butter and Cheese Company gehört zu den Pionieren der neuen amerikanischen Käseerzeuger und produziert eine Vielzahl an Produkten. Dazu gehört auch ihr mild-süßer Mascarpone nach italienischem Vorbild.

BUTTER DER VERMONT BUTTER AND CHEESE COMPANY

Diese leicht gesalzene Butter wird in kleinen Mengen aus süßer Sahne hergestellt. Ihr Fettgehalt beträgt 86 Prozent. Sie bringt ein wunderbar üppiges Aroma mit.

BOMBAY DRY GIN
CAMPARI

APPETIZERS AND SMALL PLATES

Die New Yorker lieben kulinarische Klassiker. Dem neu kreierten Appetizer

eines innovativen Küchenchefs können sie jedoch nicht widerstehen.

Die New Yorker bevorzugen eher traditionelle Appetithappen und Vorspeisen. Moderne Varianten von Klassikern wie *spanikopita, buffalo wings* und *clams casino* gehören zum beliebten Repertoire. Gern kombinieren die Küchenchefs zudem verschiedene Saisonprodukte – Polenta mit Pfifferlingen, *foie gras* mit karamellisierten Zwiebeln oder Kammmuscheln mit Radicchio –, heute Standards einer Menükarte. Speisen wie Garnelen mit knackigem Salat, Tomatentarte aus Blätterteig und würzige Sesamnudeln schmecken so hervorragend, dass manche Gäste dafür lieber auf das Hauptgericht verzichten.

HEIRLOOM TOMATO TARTS WITH GOAT CHEESE

Tomatentartes mit Ziegenfrischkäse

Mit ihren herrlichen Farben von leuchtend Gelb bis Tiefrot sind die mehrere Generationen alten Heirloom-Tomaten ein wahrer Augenschmaus. Doch beliebt sind sie vor allem wegen ihres unvergleichlichen Geschmacks. Von Juli bis September präsentieren New Yorks beste Restaurants die verschiedenen Sorten von den Farmen der Region.

1 Den Backofen auf 200 °C vorheizen. In einer kleinen Schüssel zwei Drittel des Basilikums, den Knoblauch und die halbierten kleinen Tomaten mit dem Olivenöl und etwas Salz vermischen. Beiseite stellen. Übriges Basilikum aufbewahren.

2 Den Blätterteig auf einer leicht bemehlten Arbeitsfläche in 6 Rechtecke (jeweils etwa 10 × 13 cm) schneiden. Die Rechtecke auf einem Backblech verteilen und gleichmäßig mit einer Gabel einstechen. Im Ofen 10–12 Minuten goldbraun backen. Herausnehmen, auf dem Blech belassen. Den Ofen nicht ausschalten.

3 In der Zwischenzeit den Ziegenkäse in einer kleinen Schüssel mit einer Gabel zerdrücken. Unter Rühren nach und nach so viel Milch hinzugießen, bis eine glatte, aber nicht flüssige Mischung entstanden ist.

4 Die Fleischtomaten in gut 1 cm dicke Scheiben schneiden und mit Salz bestreuen. Je 1 gehäuften Esslöffel Käsemischung auf den Teigrechtecken verstreichen, mit je 1 großen Tomatenscheibe belegen (die übrigen Scheiben für ein anderes Gericht verwenden) und die Tartes etwa 5 Minuten backen, bis sie schön heiß sind.

5 Die gebackenen Tartes auf Teller setzen. Die geviertelten Tomaten salzen und gleichmäßig um die Tartes anrichten. Auf die Tartes die Tomaten-Basilikum-Mischung verteilen, mit Olivenöl beträufeln und mit dem übrigen Basilikum bestreuen. Sofort servieren.

Dazu einen körperreichen Cabernet Franc reichen.

20–25 frische Basilikumblätter, in dünne Streifen geschnitten

2 Knoblauchzehen, ganz fein gehackt

375 g rote und gelbe kleine oder Kirschtomaten, halbiert

60 ml natives Olivenöl extra, plus Olivenöl zum Beträufeln

Meersalz

Tiefkühlblätterteig (25 × 30 cm), halb aufgetaut

150 g Ziegenfrischkäse

Etwa 125 ml Vollmilch

Je 1 große rote und gelbe Fleischtomate

6 grüne oder andere mittelgroße Tomaten, geviertelt

Für 6 Personen

Stadtgärten

Die New Yorker wissen wenig Raum kreativ zu nutzen. Auf Hausdächern und Feuerleitern ziehen sie kleine Kräutertöpfe, in Blumenkästen Mais und in winzigen Hinterhöfen Tomaten. Selbst in leer stehenden Wohnungen sprießen urbane Gärten. Diese städtische »Begrünung« ist kein Hobby, eher eine politische Maßnahme. Organisationen wie Green Thumb, Green Guerillas und Just Food's City Farms übernehmen leere Wohnungen in ökonomisch benachteiligten Gegenden und ziehen dort frische Nahrungsmittel. Die Ernte bekommen die Menschen des Viertels, die sich um die Gärten kümmern. In New York gibt es Hunderte solcher Gärten.

Besonders berühmt ist Eli Zabars Dachgarten. Zabar gehören die *deli* E.A.T., Eli's Bread und die Vinegar Factory (von seinem Vater in der Upper West Side gegründet). Zu Beginn der 1990er-Jahre entschloss sich Eli, auf dem Dach der Vinegar Factory die ersten Tomaten zu pflanzen. Mit den sonnengereiften Tomaten war er so zufrieden, dass er heute auch Bohnen, Rote Bete und andere Pflanzen anbaut.

SPINACH AND FETA ROLLS

Spinat-Feta-Rollen

Griechische Lokale und Cafés gehören zum New Yorker Stadtbild. Sie servieren kleine Gerichte wie Pfannkuchen und Omeletts, die in den Glasvitrinen zusammen mit amerikanischen Kuchen und pies *angeboten werden. In den Küchen werden aber auch schmackhafte griechische Spezialitäten bereitet, etwa Gyros, traditionelle Salate, Moussaka und natürlich* spanikopita, *ein Spinat-Feta-Kuchen mit Filoteig. Diese feinen Rollen sind eine elegante Abwandlung des begehrten Gerichts und eignen sich ideal als Vorspeise.*

2 kg Spinat

Meersalz

60 ml natives Olivenöl extra

1 große gelbe Zwiebel, fein gehackt

30 g frische glatte Petersilie, fein gehackt

10 g frischer Dill, fein gehackt

3 Frühlingszwiebeln, nur die weißen und hellgrünen Teile ganz fein gehackt

Frisch gemahlener schwarzer Pfeffer

75 g Pinienkerne

250 g Feta, zerkrümelt

6 Blätter Filoteig (je 30 × 45 cm), Tiefkühlware über Nacht im Kühlschrank aufgetaut

4 EL Butter, zerlassen

Für 6 Personen

1 Den Spinat zwei- bis dreimal in frischem Wasser waschen, von harten Stielen und welken Blättern befreien. Kurz in einem Sieb abtropfen lassen. In einem großen Topf reichlich Wasser bei starker Hitze aufkochen und großzügig salzen. Den Spinat darin etwa 1 Minute blanchieren, bis er zusammenfällt. In das Sieb abgießen, kalt überbrausen und mit den Händen möglichst viel Flüssigkeit ausdrücken. Auf einem Brett grob hacken. In eine große Schüssel füllen.

2 In einer Pfanne das Olivenöl bei mittlerer Temperatur erhitzen. Die Zwiebel darin 6–8 Minuten braten, bis sie glasig und leicht gebräunt ist. Petersilie, Dill und Frühlingszwiebeln unterrühren, mit Salz und Pfeffer abschmecken. In eine Schüssel füllen und mit dem Spinat vermischen.

3 Die Pinienkerne in einer Pfanne bei mittlerer Hitze 5–7 Minuten rösten, bis sie goldgelb sind und duften. Dabei die Pfanne ab und zu schwenken. Pinienkerne und Feta ebenfalls unter den Spinat mischen.

4 Den Backofen auf 190 °C vorheizen. Ein Backblech mit Backpapier auslegen. Die Filoteigblätter längs halbieren. Mit je einem Stück Backpapier zwischen den Blättern aufeinander schichten und mit einem leicht angefeuchteten Küchentuch bedecken, damit sie nicht austrocknen. Je 1 halbiertes Teigblatt leicht mit zerlassener Butter bestreichen und 1 Esslöffel der Spinatmischung so auf ein Ende setzen, dass zu beiden Seiten ein gut 1 cm breiter Rand frei bleibt. Diese Ränder über die Füllung klappen und den Teig zu einem Zylinder aufrollen. Mit der Teignaht nach unten auf das Backblech setzen. Auf der Oberseite mit einem scharfen Messer zweimal diagonal einschneiden, mit etwas Butter bestreichen. Die übrigen Rollen ebenso herstellen.

5 Im Ofen 20–25 Minuten goldgelb backen und auf dem Blech 5–10 Minuten auskühlen lassen. Warm auf einzelnen Tellern oder einer Platte servieren.

Dazu passt ein würziger Rotwein, etwa ein Cabernet Franc.

POSEIDON BAKERY
212·757·6173
THE GREAT GREEK BAKERY ON NINTH AVENUE
BAKERY
Celebrating 100 Years
BRUNO RAVIOLI
ON 9th AVE
RAVIOLI PRODUCTS
SAVORIES
SPINACH
CHEESE
MEAT
VEGETABLE
JETS FEST ON THE WEST SIDE!!!
FREE ADMISSION!

SAUTÉED FOIE GRAS WITH CARAMELIZED ONIONS AND GRAPES

Foie gras mit Zwiebeln und Weintrauben

Waldy Malouf, Autor des Hudson River Valley Cookbook, hatte in vielen der besten Restaurants in Manhattan gekocht, ehe er in Midtown das Beacon Restaurant eröffnete. Hier serviert er Spezialitäten aus dem Hudson River Valley. Foie gras *vom berühmten Hudson Valley Foie Gras ist ein Klassiker auf der Speisekarte – in einer Variante dieses Gerichts mit Äpfeln aus der Region.*

1 Etwaige Hautreste von der *foie gras* abziehen. Besteht sie aus zwei Lappen, diese vorsichtig auseinander ziehen oder mit einem Messer trennen. Reste von grüner Galle großzügig abschneiden (dies ist sehr wichtig, da auch nur Spuren von Galle den Geschmack verderben). Mit den Fingerspitzen behutsam in den Leberlappen fahren, die große Ader mit ihren kleineren Verästelungen erfühlen und herausziehen. Dabei mit den Fingern dem Verlauf der großen Ader folgen.

2 Mit einem großen, scharfen Messer die *foie gras* quer in 12 Scheiben (jeweils 1 cm dick) schneiden. In einem Gefrierbeutel bis zur Verwendung in den Kühlschrank legen.

3 Einen Topf zu drei Vierteln mit Wasser füllen und dieses aufkochen. Die Zwiebeln einlegen, das Wasser wieder aufwallen lassen und die Zwiebeln 1 Minute blanchieren. Mit einem Schaumlöffel in ein Sieb heben, mit kaltem Wasser überbrausen und abtropfen lassen. Mit einem scharfen Messer die Enden und Spitzen abschneiden und die Zwiebeln aus der Schale drücken. Das Wasser wieder aufkochen, salzen und die geschälten Zwiebeln darin in etwa 8 Minuten weich garen. Abgießen, mit kaltem Wasser überbrausen und abtropfen lassen.

4 In einer Pfanne die Butter bei mittlerer Hitze zerlassen. Die Zwiebeln mit dem Honig darin unter ständigem Rühren und Schwenken etwa 5 Minuten sautieren, bis sie goldbraun und karamellisiert sind. Beiseite stellen.

5 Eine zweite Pfanne bei starker Hitze sehr heiß werden lassen. Die *foie gras* von beiden Seiten salzen und pfeffern, in die Pfanne legen und in 1–2 Minuten goldbraun braten. Wenden und auch die andere Seite goldbraun braten. Sie soll noch einen schmelzenden Kern behalten. Auf einen Teller legen und mit Alufolie bedecken, damit sie warm bleibt.

6 Die Zwiebeln mit den Weintrauben, der Hühnerbrühe, Essig und Weinbrand in der Leberpfanne bei mittlerer bis starker Hitze aufkochen, bis die Flüssigkeit nach etwa 5 Minuten sämig wird.

7 Auf einzelnen Tellern 1–2 Brotscheiben anrichten. Je eine Scheibe *foie gras* darauflegen. Zwiebeln und Weintrauben rundum verteilen, etwas Sauce darüberträufeln. Sofort servieren.

Dazu einen trockenen Weißwein reichen, etwa einen Riesling oder Gewürztraminer.

500 g *foie gras* (Stopfleber) von Gans oder Ente

375 g Perlzwiebeln

Meersalz

2 EL Butter

2 EL flüssiger Honig

Frisch gemahlener schwarzer Pfeffer

4 kleine »Rispen« mit kernlosen weißen oder roten Weintrauben

250 ml Hühnerbrühe

60 ml Weißweinessig

2 EL Weinbrand

12 Scheiben französisches Weißbrot (je 1 cm dick), geröstet

Für 6–12 Personen

CLAMS CASINO

Venusmuscheln mit Paprika-Zwiebel-Belag

Clams casino, *eine Spezialität der Ostküste mit Venusmuscheln, soll zu Beginn des 19. Jahrhunderts im Narragansett Pier Casino entstanden sein. Damals gab es vor allem in den Gewässern vor Manhattan und Long Island große Mengen Venusmuscheln. Schnell wurde das Gericht in ganz New York zur beliebten Vorspeise. Auch heute findet man es in Little Italy und der Arthur Avenue, einem italoamerikanischen Viertel in der Bronx, noch regelmäßig auf den Speisekarten. Meist werden die* clams casino *mit kleinen Littlenecks (siehe Glossar) zubereitet.*

1 rote Paprikaschote

28–30 Littlenecks oder 18–24 Cherrystones (Venusmuscheln, siehe Glossar), sauber gebürstet

250 ml trockener Weißwein

3 Stängel frische glatte Petersilie

1,5–2 kg koscheres oder grobes Salz

FÜR DEN BELAG

4 Scheiben durchwachsener Speck

1 EL Butter

2 EL Olivenöl

1 gelbe Zwiebel, fein gewürfelt

1 Knoblauchzehe, fein gehackt

½ TL getrockneter Oregano, zerkrümelt

2 TL Rotweinessig

2 EL frisch geriebener Parmesan

1 EL fein gehackte frische glatte Petersilie

Meersalz

Frisch gemahlener schwarzer Pfeffer

Für 6 Personen

1 Den Backofengrill vorheizen. Ein Backblech mit Alufolie auslegen, die Paprika darauf legen und im Abstand von etwa 15 cm unter den heißen Grill schieben. Ab und zu drehen, bis die Paprika rundum schwarze Blasen wirft. Beiseite stellen, leicht abkühlen lassen und die Haut abziehen. Die Schote halbieren, von Stielansatz, Samen und Scheidewänden befreien und klein würfeln. Beiseite stellen.

2 Muscheln, die sich bei Berührung nicht schließen, wegwerfen. Die übrigen Muscheln mit dem Wein und der Petersilie in einen Topf füllen und bei starker Hitze aufkochen. Die Hitze reduzieren, die Muscheln zugedeckt 4–5 Minuten dämpfen und ab und zu rütteln, bis sie sich öffnen. Vom Herd nehmen. Noch geschlossene Muscheln wegwerfen. Beiseite stellen, abkühlen lassen.

3 Ein Backblech mit Rand 1 cm hoch mit koscherem oder grobem Salz ausstreuen. Die leicht abgekühlten Muscheln von der oberen Schale befreien (diese wegwerfen) und in der unteren Schale in das Salz setzen, sodass sie nicht verrutschen.

4 Für den Belag in einer Pfanne mit schwerem Boden die Speckscheiben bei mittlerer bis schwacher Hitze in 7–8 Minuten knusprig braten, dabei ab und zu wenden. Auf Küchenpapier abtropfen lassen. Die Butter mit dem Olivenöl bei mittlerer Hitze in der Pfanne zerlassen. Die Zwiebel darin in 5–7 Minuten weich und glasig werden lassen. Den Knoblauch und Oregano etwa 2 Minuten mitbraten, bis der Knoblauch hellgolden ist und duftet. Den Speck in die Pfanne krümeln, die Paprikawürfel, Essig, Parmesan, gehackte Petersilie sowie etwas Salz und Pfeffer unterrühren. Vom Herd nehmen.

5 Den Backofengrill erneut vorheizen. Den Belag gleichmäßig auf den Muscheln verteilen. Die Muscheln im Abstand von 15 cm unter den heißen Grill schieben und etwa 4 Minuten grillen, bis der Belag schön heiß ist.

6 Zum Servieren eine große Platte 1 cm hoch mit koscherem oder grobem Salz ausstreuen. Mit einer Küchenzange die heißen Muscheln in das Salz setzen, sodass sie nicht verrutschen. Sofort servieren.

Servieren Sie dazu einen trockenen, fruchtigen Weißwein, etwa einen Sauvignon Blanc.

SPICY SESAME NOODLES

Würzige chinesische Sesamnudeln

Beim Heimservice chinesisches Essen zu bestellen ist ein echtes New Yorker Ritual. Doch erst diese Nudeln in süßer Sauce mit Chilis runden solch eine Bestellung ab. Der Ursprung der beliebten Nudeln ist zwar unbekannt, doch in vielen chinesischen Restaurants serviert man Varianten aus Hunan und Sichuan. Im 66 in Tribeca bereitet Chefkoch Jean-Georges Vongerichten sie wiederum auf eigene Art: dünne Vermicelli mit Erdnusssauce, Gurke, grünem Apfel und Frühlingszwiebeln.

1 In einem großen Topf Wasser bei starker Hitze aufkochen und kräftig salzen. Die frischen Nudeln mit einigen Tropfen Sesamöl hineingeben und durchrühren, damit sie nicht zusammenkleben. In etwa 3 Minuten (getrocknete Nudeln nach Packungsangabe) weich garen. Die Nudeln abgießen, mit kaltem Wasser überbrausen und abtropfen lassen. In einer großen Schüssel mit 2 Esslöffeln Sesamöl vermischen. Zugedeckt für mindestens 1 Stunde kalt stellen.

2 In der Küchenmaschine oder im Mixer das übrige Sesamöl, 1 Teelöffel Meersalz, Erdnussbutter, Tahin, Reisessig, Chiliöl, Jalapeño, Ingwer, Knoblauch, Zucker, Pfeffer und den Tee zu einer glatten Sauce verarbeiten. Falls nötig, etwas mehr Tee hinzufügen, damit die Sauce flüssig genug ist. Noch einmal mit Salz und Pfeffer abschmecken.

3 Die Gurke schälen, halbieren und von den Samen befreien. In 5 cm lange Stifte schneiden. Die Möhren schälen und ebenfalls in 5 cm lange Stifte schneiden.

4 Kurz vor dem Servieren die Sauce mit der Gurke, den Möhren und Frühlingszwiebeln gleichmäßig unter die Nudeln mischen. Kleben die Nudeln zusammen, noch etwas Tee untermischen. Nach Belieben mit Koriandergrün garnieren und sofort servieren.

Dazu einen trockenen Weißwein, etwa Gewürztraminer, oder ein leichtes Bier reichen.

Meersalz

500 g frische oder getrocknete chinesische Eiernudeln oder getrocknete Linguine

4 EL asiatisches Sesamöl

250 g cremige Erdnussbutter

2 TL Tahin

2 EL Reisessig

1 EL asiatisches Chiliöl oder Hunan-Chilisauce

1 Jalapeño-Chili, halbiert, Samen entfernt

2–3 EL geschälter, geriebener frischer Ingwer

1 Knoblauchzehe, geschält und gehackt

2 EL Zucker

1 TL frisch gemahlener weißer oder schwarzer Pfeffer

250 ml schwarzer Tee oder Hühnerbrühe, raumtemperiert

1 Salatgurke

3 kleine Möhren

2 Frühlingszwiebeln, nur die weißen und hellgrünen Teile in dünne Scheiben geschnitten

Frisches Koriandergrün

Für 6 Personen

Heimservice

Das Essen in New York unterscheidet sich vom Rest des Landes vor allem in einer Hinsicht: Die New Yorker können sich alle Arten von Speisen nach Hause oder ins Büro bestellen. Ein Essen zu Hause beginnt oft mit einem Blick auf die Bestellliste eines Heimservice statt am Herd. Ob Thai-Curry, japanisches Sushi, griechische *mezedes,* italienische Pasta, indische *vindaloo,* mexikanischer *mole* oder ein Barbecue aus dem Süden – die Auswahl ist groß. Dennoch stehen chinesische Gerichte, vor allem aus Hunan, Sichuan und Kanton, bei den Bestellungen immer noch auf Platz eins.

Diese Praxis ist auch im Büroalltag ganz selbstverständlich, und viele große Unternehmen zahlen das Essen jener Beschäftigten, die bis in den Abend hinein arbeiten. Kleine Geschäfte liefern Speisen genauso bereitwillig wie Restaurants und berechnen dies selten zusätzlich. Was der Kunde ordert, wird geliefert, vom Eisbecher bis zum Truthahn-Sandwich. Die Leute vom Heimservice gehören mit ihren Rädern ebenso ins New Yorker Stadtbild wie die gelben Taxis.

BAY SCALLOPS WITH PANCETTA, RADICCHIO, AND PESTO

Bay Scallops mit Pancetta, Radicchio und Pesto

Jonathan Waxman verwöhnt die New Yorker im Barbuto, seinem Restaurant in West Village. Seine Küche überzeugt durch beste regionale Saisonprodukte. In den Sommermonaten serviert er Bay Scallops aus den Gewässern um Long Island. Er brät sie nur kurz, um den süßen Nussgeschmack zu bewahren, und serviert sie mit saftigen Tomaten, knackigem Radicchio und grünem Pesto.

FÜR DEN PESTO

60 g frisches Basilikum

2 Knoblauchzehen

25 ml natives Olivenöl extra

1 kg Bay Scallops (Kammmuscheln, siehe Glossar)

2 EL Butter

125 g Pancetta (ersatzweise durchwachsener Speck), in 5 mm breite Streifen geschnitten

1–2 Köpfe Radicchio, Strunk entfernt, in dünne Streifen geschnitten

2 große Tomaten, enthäutet, Samen entfernt (siehe Seite 187), klein gewürfelt

Für 6–8 Personen

1 Für den Pesto das Basilikum mit dem Knoblauch im Mixer oder in der Küchenmaschine sehr fein zerkleinern. Das Olivenöl bei laufendem Gerät langsam zugießen und alles zu einer groben Paste verarbeiten. In eine Schale füllen und beiseite stellen.

2 Die Muscheln waschen und trockentupfen. In einer großen Pfanne bei mittlerer Temperatur die Butter goldgelb zerlassen. Den Speck darin in 2–3 Minuten goldbraun braten und auf einen kleinen Teller geben. Auf mittlere bis starke Hitze schalten und die Muscheln von beiden Seiten in je 2 Minuten goldgelb braten. Zügig mit dem Pesto und Speck vermischen, bis die Muscheln gleichmäßig damit überzogen sind, dann den Radicchio untermischen.

3 Das Gericht auf vorgewärmten Tellern anrichten, mit den Tomaten garnieren und sofort servieren.

Dazu passt ein frischer Rosé, etwa ein Wolffer Estates oder Channing Daughters.

GRAVLAX WITH MUSTARD-DILL SAUCE

Gravlax mit Senf-Dill-Sauce

Die New Yorker sind ganz verliebt in Lachs, ob klassischer lox on bagels, *gegrillte, gebratene oder pochierte Lachsfilets oder auch Lachstatar.* Gravlax, *mit Salz, Zucker und Dill gebeizter Lachs, ist eine schwedische Spezialität, die traditionell mit Senf-Dill-Sauce als Vorspeise gereicht wird. Marcus Samuelsson vom Aquavit in Midtown ist in New York sozusagen der schwedische Botschafter in kulinarischen Dingen. Dieses Rezept hat er, abweichend von der klassischen Zubereitung, mit Koriander und Fenchel gewürzt. Dazu passt Knäckebrot.*

1 Pfefferkörner, Koriander und Fenchelsamen im Mörser leicht zerstoßen, Zucker und Salz untermischen. Mit den Fingern vorsichtig »gegen den Strich« über das Lachsfilet fahren, um noch vorhandene Gräten zu lokalisieren. Diese mit einer Pinzette herausziehen. Den Lachs in einer flachen Schale von beiden Seiten mit 1 Hand voll der Salzmischung einreiben. Mit der Haut nach unten in die Schale legen. Mit der restlichen Salzmischung bestreuen.

2 Die Stängel und das Grün von der Fenchelknolle abschneiden und wegwerfen. Ist die äußere Schicht sehr hart, diese ebenfalls entfernen. Dunkle Stellen herausschneiden. Die Knolle längs vierteln, das harte untere Ende wegschneiden. Die Viertel längs in 5 mm breite Scheiben schneiden. Den Dill und das Koriandergrün grob hacken. Den Lachs mit den Fenchelscheiben sowie dem Dill und Koriandergrün bedecken. Zugedeckt 6 Stunden an einem kühlen, dunklen Ort stehen lassen. Danach für mindestens 30 oder bis zu 36 Stunden in den Kühlschrank stellen.

3 Für die Senf-Dill-Sauce die beiden Senfsorten, Zucker, Essig, Espresso sowie je 1 Prise Salz und Pfeffer im Mixer oder in der Küchenmaschine fein zerkleinern. Das Öl bei laufendem Gerät in einem gleichmäßigen Strahl hinzugießen und weitermixen, bis eine dicke, cremige Sauce entstanden ist. In eine Schüssel füllen, den Dill unterrühren. Zugedeckt für mindestens 4 Stunden oder über Nacht kalt stellen, damit sich die Aromen verbinden können.

4 Zum Servieren die Gewürze und übrigen Zutaten vom Lachsfilet schaben. Den Lachs quer zur Faser in dünne Scheiben schneiden. Gekühlt auf einzelnen Tellern mit der Sauce als Beigabe servieren. Nach Belieben mit Zitronenspalten und Dillzweigen garnieren.

Dazu ein Glas gekühlten Aquavit oder einen sehr trockenen, körperreichen Sekt servieren.

2 EL weiße Pfefferkörner

1 EL Koriander

1 EL Fenchelsamen

250 g Zucker

125 g Meersalz

1 Lachsfilet (1,25–1,5 kg) mit Haut

1 Fenchelknolle

2 Bund frischer Dill

4 Zweige frisches Koriandergrün

FÜR DIE SENF-DILL-SAUCE

2 EL Honigsenf

2 TL Dijonsenf

1 EL Zucker

1½ EL Weißweinessig

1 EL Espresso oder starker Kaffee, gekühlt

Meersalz

Frisch gemahlener schwarzer Pfeffer

180 ml Traubenkernöl

15 g frischer Dill, gehackt

Zitronenspalten und Dill zum Garnieren (nach Belieben)

Für 10–12 Personen

SHRIMP WITH CITRUS AIOLI AND RADICCHIO AND ENDIVE SLAW

Garnelen mit Zitrus-Aïoli auf einem Salatbett

Mary Redding, Besitzerin und Küchenchefin von Mary's Fish Camp, stammt aus Florida. In ihrem kleinen Restaurant in einer hübschen Gegend in West Village kümmert sie sich um New Yorker mit einer Vorliebe für Seafood. Noch bevor das Restaurant öffnet, stehen die Gäste schon Schlange. Mary verwendet Seafood von der gesamten Ostküste. Diese Garnelen sind eine Spezialität des Hauses.

FÜR DIE AÏOLI

1 großes Eigelb

250 ml Rapsöl

Je 1 EL abgeriebene unbehandelte Zitronen- und Limettenschale

Je 2 EL frisch gepresster Zitronen- und Limettensaft, abgeseiht

Meersalz, schwarzer Pfeffer

FÜR DEN SALAT

2 Sprosse Chicorée

1 Kopf Radicchio, in dünne Streifen geschnitten

20 g frische glatte Petersilie, gehackt

Je 1 EL gehackter frischer Oregano, Thymian und Estragon

3 EL natives Olivenöl extra

1 EL Sherryessig

1 TL Dijonsenf

Meersalz, schwarzer Pfeffer

12 große Garnelen

Erdnuss- und Rapsöl zum Frittieren

150 g Mehl

60 g Semmelbrösel

Für 4 Personen

1 Für die Aïoli (in New York auch ohne Knoblauch so bezeichnet) das Eigelb in einer Schüssel mit dem Schneebesen verschlagen. Weiterschlagen und dabei das Öl tropfenweise hinzufügen. Sobald die Mischung eindickt, das restliche Öl in einem gleichmäßigen dünnen Strahl dazugießen und dabei ständig schlagen. Schale und Saft der Zitrone und Limette unterschlagen, mit Salz und Pfeffer abschmecken. Bis zur Verwendung zugedeckt kalt stellen.

2 Für den Salat den Chicorée längs halbieren und den bitteren Keil herausschneiden. Die Hälften quer in 5 mm breite Streifen schneiden. In einer Schüssel den Chicorée mit dem Radicchio, der Petersilie, dem Oregano, Thymian und Estragon vermischen. In einer kleinen Schale Olivenöl, Essig und Senf verrühren, mit Salz und Pfeffer würzen. Über den Salat träufeln und untermischen. Zugedeckt kalt stellen.

3 Die Garnelen nacheinander vorbereiten. Dafür mit einer scharfen Küchenschere jeweils die Schale am Rücken aufschneiden, vom Körper lösen, jedoch nicht entfernen. Die Garnele am Rücken einschneiden und den dunklen Darm entfernen. Alle Garnelen waschen und mit Küchenpapier trockentupfen.

4 Erdnuss- und Rapsöl zu gleichen Teilen 4 cm hoch in eine große Pfanne mit schwerem Boden gießen. Bei hoher Temperatur auf 180 °C erhitzen (mit einem Thermometer prüfen).

5 In einer Schüssel Mehl und Semmelbrösel vermischen. Die Garnelen gleichmäßig darin wälzen, überschüssiges Mehl abschütteln. Im heißen Öl etwa 3 Minuten frittieren, bis die Schalen goldgelb und die Garnelen rosa sind. Dabei einmal wenden. Mit einem Schaumlöffel herausnehmen und etwa 10 Sekunden auf Küchenpapier abtropfen lassen. Die noch heißen Garnelen rundum mit Salz und Pfeffer bestreuen.

6 Den Salat auf einzelne Teller verteilen. Je 3 Garnelen darauf und einen Klecks Aïoli daneben anrichten. Sofort servieren.

Dazu einen frischen Weißwein mit leichter Zitrusnote reichen, etwa einen Seyval Blanc.

BUFFALO WINGS

Ausgebackene Hühnerflügel

Im Jahr 1964 wollte die Besitzerin der Anchor Bar im Buffalo, New York, für ihren Sohn und seine Freunde einen Bar-Snack zubereiten. Sie frittierte Hühnerflügel, die gewöhnlich in den Suppentopf wandern, und tauchte sie in eine würzige Sauce. Heute sind die wings *ein klassischer New Yorker Snack, den man bei Fanelli's in Soho und bei Chumley's, der ehemaligen Flüsterkneipe in West Village, genießt. Diese traditionelle Variante bekommt durch* Harissa *und Fenchel zusätzlich Pfiff.*

1 Stängel und Grün vom Fenchel abschneiden und wegwerfen. Ist die äußere Schicht sehr hart, ebenfalls entfernen. Dunkle Stellen herausschneiden. Die Knolle längs vierteln, das harte untere Ende wegschneiden. Die Viertel längs in dünne Streifen schneiden. Fenchel, Sellerie, Möhren und Paprika für mindestens 30 Minuten in einer Schüssel mit Eiswasser kühlen.

2 Für den Dip Mayonnaise und Buttermilch in einer kleinen Schüssel verrühren. Den Käse untermischen, mit Salz und Pfeffer abschmecken. Bis zum Servieren zugedeckt kalt stellen.

3 Die Spitzen der Hühnerflügel wegschneiden. Alle Flügel am Gelenk durchschneiden, abspülen und mit Küchenpapier trockentupfen.

4 In einem Topf mit schwerem Boden die Butter mit der Chilisauce bei mittlerer Hitze zerlassen. Essig, *Harissa* (falls verwendet), Tabasco und ¼ Teelöffel Pfeffer einrühren. Vom Herd nehmen, beiseite stellen.

5 Das Öl 2,5 cm hoch in eine große Pfanne mit schwerem Boden gießen und auf 190 °C erhitzen (mit dem Thermometer prüfen). Die Hühnerflügel in kleinen Portionen 6–8 Minuten im heißen Öl goldbraun ausbacken. Dabei mit der Küchenzange häufig wenden. Auf Küchenpapier abtropfen lassen.

6 Die Hühnerteile in der Buttermischung wenden und auf eine Servierplatte schichten. Das Gemüse abtropfen lassen und daneben anrichten. Mit dem Dip zu Tisch bringen.

Ein kräftiges Bier, etwa ein Brooklyn Lager, passt dazu.

1 Fenchelknolle

4 Stangen Bleichsellerie, halbiert und in 10 cm lange Stücke geschnitten

4 Möhren, geschält, halbiert und in 10 cm lange Stücke geschnitten

1 rote Paprikaschote, Samen und Scheidewände entfernt, in dünne Streifen geschnitten

FÜR DEN KÄSE-DIP

125 g Mayonnaise

125 ml Buttermilch

125 g Blauschimmelkäse, zerkrümelt

Meersalz

Frisch gemahlener Pfeffer

1,5 kg Hühnerflügel *(chicken wings)*

4 EL Butter

60 ml scharfe Chilisauce

1 EL Apfelessig

1 TL *Harissa* (siehe Glossar, nach Belieben)

1 Spritzer Tabasco

Frisch gemahlener Pfeffer

Rapsöl zum Frittieren

Für 6 Personen

New Yorker Brauereien

Vor etwa einem Jahrhundert besaß New York siebenundsiebzig Brauereien, von denen fast fünfzig in Brooklyn ansässig waren. Zur Zeit der Prohibition gab es im Viertel Williamsburg so viele, dass ein ganzer Häuserblock Brewers Row getauft wurde. In der Folge nahm die Brauindustrie der Stadt stetig ab. 1996 wurde in einer früheren Stahlgießerei in Williamsburg jedoch die Brooklyn Brewery eröffnet, und auch der Name Brewers Row kam wieder auf – diesmal für die North Eleventh Street, dem Standort der Brauerei. Ihr bekanntestes Bier ist das Brooklyn Lager, doch werden zu bestimmten Zeiten im Jahr weitere Saisonbiere gebraut, etwa das Pumpkin Ale mit der Farbe und dem Aroma von Winterkürbis.

Von der Carnegie Hill Brewing Company (uptown) bis zur Chelsea Brewing Company (downtown) findet man in der ganzen Stadt Bierkneipen. Bierkraft ist ein Geschäft in Brooklyn, das sich auf regionale Biere spezialisiert hat. Zum Angebot zählen auch Biere von Blue Point Brewing in Patchogue und Southampton Publick House, beide auf Long Island.

POLENTA CROSTINI WITH CHANTERELLES

Polenta-Crostini mit Pfifferlingen

Polenta findet man in vielerlei Varianten – weich und cremig, knusprig gebacken, mit Mascarpone oder Pecorino verfeinert – auf den Speisekarten der New Yorker Restaurants, ob sie nun italienische, französische oder amerikanische Küche servieren. Der feine Geschmack von Polenta macht sie zur idealen Beilage für sautiertes Gemüse, Grillfleisch oder Pilze, so wie diese Pfifferlinge auf kleinen Polenta-Crostini. Die aromatischen Pfifferlinge wachsen im New Yorker Hinterland und werden von Sommer bis Herbst immer häufiger serviert.

FÜR DIE POLENTA

1 Lorbeerblatt

Meersalz

2 EL Olivenöl

150 g Maisgrieß (Polenta)

1 EL Butter

FÜR DIE PILZE

60 g Butter

4 Schalotten, ganz fein gehackt

250 g Pfifferlinge, sauber gebürstet, geputzt und grob gehackt

Meersalz

Frisch gemahlener schwarzer Pfeffer

125 g Mascarpone

2 EL gehackte frische glatte Petersilie

Ein Stück Parmesan

Für 8–10 Personen

1 Für die Polenta in einem Topf 1 Liter Wasser bei mittlerer bis starker Hitze aufkochen. Das Lorbeerblatt und je 1 Esslöffel Salz und Olivenöl hinzufügen. Unter ständigem Rühren die Polenta gleichmäßig einrieseln lassen, damit sich keine Klümpchen bilden. Auf schwache Hitze schalten und dabei etwa 30 Minuten mit einem Holzlöffel rühren, bis eine dicke Masse entstanden ist, die sich vom Topfrand löst. Das Lorbeerblatt herausfischen.

2 Eine rechteckige Auflaufform (20 × 25 cm) kalt ausspülen, aber nicht abtrocknen. Sofort die Polenta hineinfüllen, etwa 1 cm hoch, und glatt streichen. Beiseite stellen und in etwa 30 Minuten abkühlen und fest werden lassen.

3 Kurz vor dem Servieren die Pfifferlinge zubereiten. Dafür die Butter in einer großen Pfanne zerlassen. Die Schalotten darin etwa 2 Minuten anschwitzen. Die Pfifferlinge hinzufügen, mit Salz und Pfeffer würzen. In etwa 4 Minuten goldbraun und weich braten. Vom Herd nehmen und beiseite stellen.

4 Die abgekühlte Polenta in kleine, rechteckige Stücke (2,5 × 5 cm) schneiden. In einer großen Pfanne den Esslöffel Butter mit dem übrigen Olivenöl bei mittlerer bis starker Hitze zerlassen. Die Polentastücke portionsweise von beiden Seiten in je 3 Minuten goldgelb braten.

5 Die Polenta-Crostini auf einer Platte anrichten. Je einen Klecks Mascarpone daraufsetzen und die Pfifferlinge gleichmäßig darüber verteilen. Mit Petersilie garnieren. Den Parmesan dünn darüberhobeln und sofort servieren.

Dazu einen leicht würzigen, körperreichen Syrah reichen oder auch Ihren Lieblingscocktail.

欣生果
121
美欣

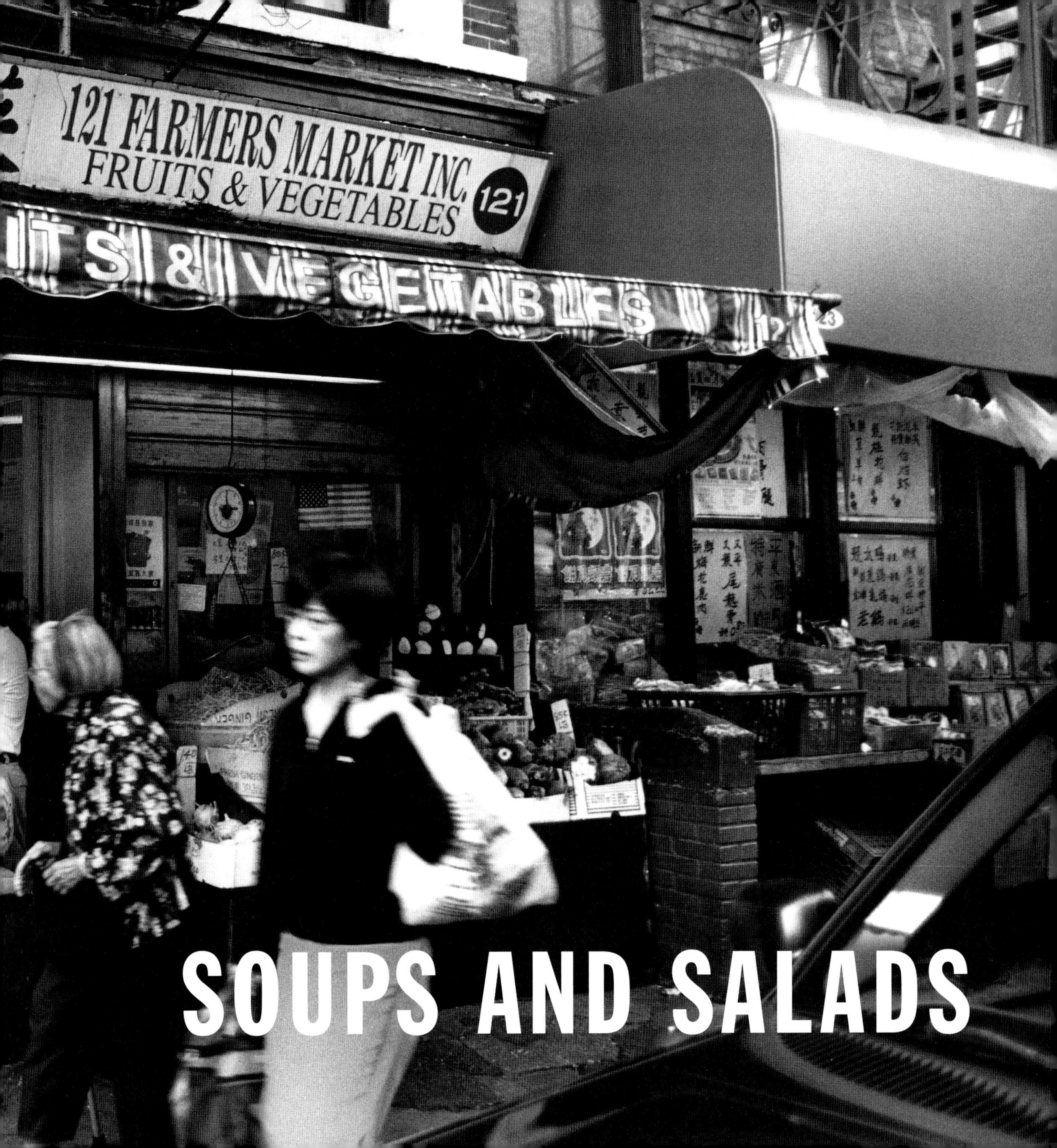

SOUPS AND SALADS

Zum Repertoire der geliebten Suppen und Salate gehören die saisonalen

Kreationen New Yorker Küchenchefs sowie Rezepte von Einwanderern.

Suppen und Salate mit kulinarischer Geschichte stehen bei den New Yorkern hoch im Kurs: Eisbergsalat mit Blauschimmelkäse-Dressing, wie man ihn in traditionellen Steakhäusern bekommt, Hühnersuppe mit Matzenbällchen aus einem bekannten *deli* oder klassische *clam chowder*. Suppen und Salate eignen sich aber auch zur kühnen Präsentation von Saisonprodukten, etwa Hummer-Avocado-Salat im Sommer und Butternusskürbis-Apfel-Suppe im Herbst. Kubanische Bohnensuppe und russischer Borschtsch dagegen zeugen von den ethnischen Einflüssen der New Yorker Küche.

MANHATTAN CLAM CHOWDER

Muschelsuppe mit Tomaten

In puncto Muschelsuppe gibt es zwei Lager: Die einen bevorzugen die sahnige clam chowder *aus New England, die anderen diese Tomatenvariante aus Manhattan. Erfunden wurde die deftige Suppe vermutlich von französischen Einwanderern in Kanada. Einige glauben, dass man sie auf Rhode Island erstmals mit Tomaten zubereitete, andere tippen auf Straßenstände in Coney Island. Wahrscheinlich wurde sie jedoch vom Fischhändler William H. Winters, dem Besitzer des alten Fulton Fish Market, Anfang des 20. Jahrhunderts kreiert. Dieses Rezept stammt vom New Yorker Rick Moonen vom Restaurant RM.*

1 Die Quahogs oder Littlenecks in einen weiten Topf einlegen. Muscheln, die sich bei Berührung nicht schließen, wegwerfen. 500 Milliliter Wasser dazugießen und bei starker Hitze aufkochen. Die Muscheln zugedeckt 8–10 Minuten dämpfen, bis sie sich öffnen. In eine Schüssel geben, noch geschlossene Muscheln wegwerfen. Den Sud im Topf aufbewahren. Die leicht abgekühlten Muscheln auslösen und hacken. Beiseite stellen. Den Sud durch ein doppelt gelegtes Musselintuch abseihen, ebenfalls beiseite stellen.

2 Den Speck hacken. In einem großen Topf den Speck bei starker Hitze 5–6 Minuten leicht bräunen, dabei ab und zu durchrühren. Zwiebel und Knoblauch unterrühren und bei schwacher Hitze etwa 5 Minuten braten, bis die Zwiebel glasig ist. Sellerie, Möhren, Lorbeerblatt, die getrockneten Kräuter und Chiliflocken untermischen, das Gemüse in etwa 5 Minuten weich garen. Die Tomaten unterrühren, etwa 10 Minuten köcheln lassen.

3 Die Kartoffeln, das Muschelwasser und den aufbewahrten Muschelsud hinzufügen und weitere 8–10 Minuten köcheln lassen, bis die Kartoffeln gerade weich sind. Mit Salz und Pfeffer abschmecken. (Die Suppe kann nun auf Raumtemperatur abgekühlt und bis zu 1 Tag kalt gestellt werden. Dafür die gehackten Muscheln separat kalt stellen. Vor dem Servieren die Suppe langsam bei mittlerer Hitze aufwärmen.)

4 Kurz vor dem Servieren die Bay Scallops und Manila Clams in die Suppe geben. Muscheln, die sich bei Berührung nicht schließen, wegwerfen. Bei mittlerer Hitze 4–5 Minuten garen, bis sich die Manila Clams öffnen und die Bay Scallops nicht mehr durchscheinend sind. Noch geschlossene Muscheln wegwerfen. 10 Gramm Petersilie und die gehackten Muscheln unterrühren. Die Suppe darf nun nicht mehr köcheln, sonst werden die Muscheln zäh. Mit Zitronensaft abschmecken.

5 Die Suppe auf vorgewärmte Teller verteilen und darauf achten, dass jede Portion ganze Manila Clams und Bay Scallops enthält. Mit Petersilie garnieren und sofort servieren.

Ein würziger leichter Rotwein, etwa ein Pindar Syrah, ist ein idealer Begleiter.

12 Quahogs oder 18–21 Littlenecks oder Cherrystones (Venusmuscheln, siehe Glossar), sauber gebürstet

6 Scheiben durchwachsener Speck

1 große gelbe Zwiebel, gewürfelt

4 Knoblauchzehen, gehackt

3 Stangen Bleichsellerie, gewürfelt

2 Möhren, geschält und gewürfelt

1 Lorbeerblatt

Je 1 TL getrockneter Thymian, Oregano und Basilikum

¼ TL Chiliflocken

450 g ganze Tomaten aus der Dose, abgetropft und zerdrückt

375 g rotschalige Kartoffeln, geschält und gewürfelt

180 ml Muschel-»Wasser« (siehe Glossar)

Meersalz und frisch gemahlener schwarzer Pfeffer

125 g Bay Scallops (Kammmuscheln, siehe Glossar)

20–22 Manila Clams (Venusmuscheln, siehe Glossar), sauber gebürstet

Frisch gehackte glatte Petersilie

1–2 EL Zitronensaft

Für 6 Personen

LOBSTER AND AVOCADO SALAD

Hummer-Avocado-Salat

Bis 1910, als Hummersuppe für Bedürftige aus Versehen der Familie von John D. Rockefeller serviert wurde, galt das butterige Fleisch des Krustentiers nicht als Delikatesse. Heute genießt man an der Ostküste vor allem Hummer aus Maine, doch Montauk an der Ostspitze von Long Island ist ebenfalls für seine Hummer berühmt und schon seit Kolonialzeiten die Heimat von Hummerfischern. New Yorker Küchenchefs servieren Hummersalat mit Mayonnaise ohne Beigaben oder auf Brötchen mit Butter. Diese leichte Variante ist mit Zitrussaft und Olivenöl angemacht.

2 lebende Hummer (je etwa 750 g) oder 500 g gekühltes frisch gekochtes Hummerfleisch

1 Fenchelknolle

10 frische Minzeblätter

1 rote Zwiebel, in sehr dünne Halbringe geschnitten

1 Knoblauchzehe, ganz fein gehackt

2 EL gehackte frische glatte Petersilie

125 ml natives Olivenöl extra, plus 2 EL

Frisch gepresster Saft von ½ Orange

Abgeriebene Schale und frisch gepresster Saft von 1 unbehandelten Zitrone

Meersalz

Frisch gemahlener schwarzer Pfeffer

250 g Feldsalat oder junger Rucola

1 reife, aber feste Avocado, geschält und gewürfelt

375 g Kirschtomaten, halbiert

Für 6 Personen

1 Einen großen Topf zu drei Vierteln mit Wasser füllen und dieses stark aufkochen. Mit einer Küchenzange die Hummer mit dem Kopf voraus ins sprudelnd kochende Wasser einlegen. Zugedeckt etwa 8 Minuten garen. Die Hummer mit der Zange herausnehmen, auf eine Arbeitsfläche setzen und leicht abkühlen lassen. Die Scheren von den Körpern abtrennen und etwaige Gummiringe oder Klammern entfernen. Mit einem kleinen, scharfen Messer die Körper auf der Unterseite längs aufschneiden. Den kleinen Darm in der Mitte des Schwanzes sowie Magensack, Leber und Corail aus dem Kopfteil entfernen und wegwerfen. Die Scheren mit einer Hummerzange oder Küchenschere aufbrechen. Das Fleisch aus den Scheren und dem Schwanzteil auslösen und in mundgerechte Stücke hacken. In einer Schüssel zugedeckt mindestens für 1 Stunde oder über Nacht kalt stellen.

2 Stiele und Grün von der Fenchelknolle abschneiden und wegwerfen. Ist die äußere Schicht sehr hart, diese ebenfalls entfernen. Dunkle Stellen herausschneiden. Die Knolle längs vierteln, das harte untere Ende wegschneiden. Die Viertel quer in sehr dünne Scheiben schneiden. Die Minzeblätter aufeinander schichten, zu einem Zylinder zusammenrollen und quer in dünne Streifen schneiden. In einer großen Schüssel Fenchel, Minze, gekühltes Hummerfleisch, Zwiebel, Knoblauch, Petersilie, 125 Milliliter Olivenöl, Orangensaft sowie die abgeriebene Schale und die Hälfte des Safts der Zitrone vorsichtig vermischen. Mit Salz und Pfeffer würzen.

3 Feldsalat, Avocado und Tomaten in einer Schüssel mit dem restlichen Olivenöl und Zitronensaft beträufeln und leicht vermischen. Mit Salz und Pfeffer abschmecken.

4 Die Feldsalatmischung gleichmäßig auf einzelne Teller verteilen, darauf den Hummersalat anrichten. Sofort servieren.

Dazu einen weichen Long Island Chardonnay reichen.

MIXED GREEN SALAD WITH BEETS, GREEN BEANS, AND GOAT CHEESE

Rote-Bete-Bohnen-Salat mit Ziegenfrischkäse

Rote Bete ist in den Sommermonaten sehr beliebt, wenn viele Sorten mit gelbem, rotem oder rot-weiß gestreiftem Fleisch auf den Bauernmärkten angeboten werden. Die New Yorker Köche kombinieren sie mit frischen Kräutern oder Gemüsefenchel, aber auch mit kräftigem Blauschimmel- oder Ziegenfrischkäse.

1 Den Backofen auf 200 °C vorheizen. Das Grün, falls vorhanden, bis auf 2,5 cm von den Roten Beten so abschneiden, dass die Haut nicht beschädigt wird. Die Wurzeln nicht entfernen. Die Roten Beten in eine große Auflaufform setzen und 5 mm hoch Wasser einfüllen. Zugedeckt etwa 1 Stunde im Ofen backen, bis die Roten Beten sich leicht mit einer Messerspitze einstechen lassen. Aus dem Ofen nehmen, etwas abkühlen lassen. Die Haut abziehen, die Wurzeln wegschneiden, vollständig auskühlen lassen. In etwa 5 mm große Würfel schneiden.

2 Inzwischen einen Topf zu drei Vierteln mit Wasser füllen. Das Wasser salzen und stark aufkochen. Die Bohnen darin in 4–7 Minuten bissfest garen. Die Garzeit variiert je nach Größe. Abgießen, in Eiswasser abschrecken, abtropfen lassen und beiseite stellen.

3 Für die Vinaigrette in einer kleinen Schüssel Schalotte, Zucker, Essig und Senf verrühren. Unter ständigem Rühren zuerst das Olivenöl, dann das Rapsöl langsam dazugießen. Mit Salz und Pfeffer abschmecken.

4 Den bunten Salat und die grünen Bohnen in einer großen Schüssel mit 2 Esslöffeln Vinaigrette vermischen und gleichmäßig auf einzelne Teller verteilen. Darauf die gewürfelten Roten Beten anrichten und mit der übrigen Vinaigrette beträufeln. Den Ziegenkäse zerkrümeln und gleichmäßig über die Portionen streuen. Sofort servieren.

Dazu passt ein erfrischender Cidre, etwa ein Warwick Valley Winery Hard Cider aus dem Hudson River Valley.

4–6 kleine Rote Beten – mit gelbem, rot-weißem (Sorte Chioggia) oder rotem Fleisch (insgesamt etwa 500 g)

Meersalz

500 g grüne Bohnen, Enden entfernt, oder Zuckererbsen, Enden und Fäden entfernt

FÜR DIE VINAIGRETTE

1 Schalotte, sehr fein gehackt

1 TL Zucker

3 EL Sherryessig

1 TL Dijonsenf

Je 2 EL natives Olivenöl extra und Rapsöl

Meersalz

Frisch gemahlener schwarzer Pfeffer

300 g verschiedene bunte Sorten junger Salat, etwa Eichblatt, Rucola, Löwenzahn, Radicchio und/oder Sauerampfer

125 g Ziegenfrischkäse, raumtemperiert

Für 6 Personen

Köche auf dem Greenmarket

New Yorks beste Chefköche verwenden mit Vorliebe Saisonprodukte aus der Region. Schon früh am Morgen wandern sie in ihren weißen Jacken über den Union Square Greenmarket, den größten der dreißig Bauernmärkte in New York. Statt sich die gewünschten Produkte liefern zu lassen, prüfen sie lieber selbst das frische Angebot: Spargel und *Ramp* (Bärlauch, siehe Glossar) im Mai, Kirschen und Gemüsemais im Juli sowie Pflaumen und Tomaten im August. Ihre Entdeckungen findet man dann auf den »market menus« in Restaurants wie dem Craft, Union Square Café oder Tocqueville.

Zu den regelmäßigen Besuchern des Greenmarket gehören Peter Hoffman vom Savoy, der sein Fahrrad mit Produkten von Keith's Farm belädt, sowie Maury Rubin, die stets einen ganzen Korb voll Sahne der Ronnybrook Farm Dairy in die City Bakery befördert. Colin Alevras von The Tasting Room wiederum sieht man bei Blue Moon frische Muscheln und Hummer von Long Island auswählen. Das große Interesse der Küchenchefs an regionalen Produkten ist eine wichtige Reklame für die Märkte und die Farmer der Region.

CUBAN BLACK BEAN SOUP

Kubanische Schwarze-Bohnen-Suppe

Die Kubaner bilden nach den Puerto-Ricanern die zweitgrößte hispanoamerikanische Bevölkerungsgruppe in New York. Kubanische und kubanisch-chinesische Restaurants (eine ungewöhnliche, aber historisch erklärbare Kombination) servieren schon seit langem dicke Schwarze-Bohnen-Suppe. Die traditionsreiche Suppe ist sogar eine Spezialität von Douglas Rodriguez – einem der einflussreichsten Latino-Küchenchefs im Land –, der den New Yorkern 1994 seine Nuevo Latino Cuisine *präsentierte, natürlich auch mit Gerichten aus seiner Heimat Kuba.*

450 g getrocknete schwarze Bohnen

2 Lorbeerblätter

FÜR DEN *SOFRITO*

180 ml natives Olivenöl extra

2 rote Paprikaschoten, Stielansatz, Samen und Scheidewände entfernt, gehackt

2 große weiße Zwiebeln, gehackt

8 Knoblauchzehen, gehackt

2 EL getrockneter Oregano

1½ EL gemahlener Kreuzkümmel

Meersalz

1 EL Zucker

1 EL Sherryessig, eventuell mehr

2 EL trockener Sherry, eventuell mehr

1 rote Zwiebel, fein gewürfelt, zum Garnieren

15 g frisches Koriandergrün zum Garnieren

Für 6 Personen

1 Die Bohnen verlesen, beschädigte Exemplare und Steinchen wegwerfen. Die Bohnen gründlich waschen. In einer Schüssel etwa 7,5 cm hoch mit Wasser bedecken und mindestens 4 Stunden oder über Nacht einweichen lassen. (Alternativ, für eine schnelle Einweichmethode, die Bohnen mit dem Wasser kräftig aufkochen und 2 Minuten kochen lassen. Vom Herd nehmen und zugedeckt 1 Stunde stehen lassen.) Die eingeweichten Bohnen abgießen. Mit den Lorbeerblättern und 4 Litern Wasser in einem großen Topf bei starker Hitze aufkochen. Bei schwacher Hitze unter gelegentlichem Rühren etwa 2 Stunden köcheln lassen, bis die Bohnen weich sind. Falls nötig, noch etwas Wasser hinzugießen.

2 In der Zwischenzeit für den *Sofrito* in einer großen Pfanne das Olivenöl bei mittlerer Temperatur erhitzen. Die Paprikaschoten darin in etwa 5 Minuten weich braten. Die Zwiebeln unterrühren und 10–12 Minuten mitbraten, bis auch sie weich und glasig sind. Knoblauch, Oregano, Kreuzkümmel und 1½ Esslöffel Salz hinzufügen und weitere 2 Minuten braten, bis der Knoblauch duftet. Vom Herd nehmen und leicht abkühlen lassen. Die Mischung im Mixer oder in der Küchenmaschine in 2–3 Minuten fein pürieren.

3 Den *Sofrito* mit dem Zucker unter die Bohnen rühren und 20–30 Minuten köcheln lassen, bis sich die Aromen verbunden haben. Den Essig und Sherry einrühren. Falls nötig, die Suppe mit Essig, Sherry und Salz nachwürzen. Die warme Suppe in Schalen schöpfen, mit roter Zwiebel und Koriandergrün garnieren und servieren.

Dazu ein kleines Glas lieblichen Sherry reichen.

TRUFFLED WALDORF SALAD

Waldorfsalat mit Trüffelaroma

Oscar Tschirky, maître d'hotel *in Manhattans Waldorf-Astoria, soll den Waldorfsalat 1893 erfunden haben. Die Kombination von Äpfeln, Sellerie und Mayonnaise wurde zu der Spezialität schlechthin auf der Lunch-Karte des Hotels, und schließlich fügte man noch Walnüsse hinzu. Bis heute wird hier der Originalsalat serviert. Doch im Hotelbistro, Oscar's American Brasserie, ersetzt Küchenchef John Doherty den Knollensellerie durch Bleichsellerie und verfeinert seine moderne Version mit Trüffelöl.*

1 Für das Dressing in einer großen Schüssel die saure Sahne mit der Mayonnaise, Joghurt, Zitronensaft und Trüffelöl glatt rühren. Mit Salz abschmecken.

2 Den Backofen auf 180 °C vorheizen. Die Walnüsse auf einem Backblech verteilen und im Ofen etwa 10 Minuten rösten, bis sie duften und leicht gebräunt sind. Auf einem Teller abkühlen lassen. Grob hacken und beiseite stellen.

3 Mit einem kleinen, scharfen Messer die harte Schale vom Sellerie abschälen und den Sellerie in 3 mm dicke Scheiben schneiden. Die Scheiben aufeinander legen und in dünne Stifte schneiden. Die Äpfel quer in 3 mm dicke Scheiben schneiden, aufeinander legen und ebenfalls in dünne Stifte schneiden. Sellerie und Äpfel mit dem Dressing vermischen.

4 Die Chicoréeblätter auf einzelnen Tellern auslegen. Die Sellerie-Apfel-Mischung gleichmäßig darauf anrichten und mit den gerösteten Walnüssen bestreuen. Sofort servieren.

Mit einem würzig-fruchtigen Gewürztraminer servieren.

FÜR DAS DRESSING

250 g saure Sahne

150 g Mayonnaise

175 g Joghurt

Frisch gepresster Saft von 2 Zitronen

1 TL weißes Trüffelöl

Meersalz

125 g Walnusskerne

1 Knollensellerie (etwa 185 g)

2 Granny Smith oder andere säuerliche grüne Äpfel, Kerngehäuse entfernt

2 Red Delicious oder andere süße rote Äpfel, Kerngehäuse entfernt

1 Chicoréespross, Blätter getrennt (insgesamt etwa 24 Blätter)

Für 8 Personen

Originale aus New York

Wer die neuesten Trends entdecken möchte, schaut auf New York. Zu den bemerkenswerten kulinarischen Neuerungen der Stadt zählt das erste eigenständige Restaurant der USA. Bald nach der Eröffnung 1830 kam es im Delmonico's zu einem weiteren Meilenstein: der weltweit ersten Speisekarte.

Das Delmonico's brachte viele klassische Gerichte hervor. Lobster Newberg wurde für einen Kapitän kreiert, und Baked Alaska, das in Varianten zwar schon bekannt war, bekam im Restaurant seinen Namen – zur Erinnerung an das neu erworbene Territorium. Den Benedicts, Stammgästen des Restaurants, sollen die Eier Benedict auf der Speisekarte zu verdanken sein. Englische Muffins, häufige Grundlage für Eier Benedict, erfand man angeblich auch in New York (nur der Bäcker war aus England).

Besondere Verwirrung stiftet die Namensgebung zudem bei Egg Cream. Das Getränk wird weder mit Eiern noch mit Sahne bereitet, sondern mit Milch, Schokoladensirup und Selterwasser. Es entstand Ende des 19. Jahrhunderts in einer Eisbar in Brooklyn.

BEEF, BEET, AND CABBAGE BORSCHT

Borschtsch

Rezepte für Borschtsch gibt es viele – aus der Ukraine, Polen oder Russland und je nach Vorlieben der Köche. So mancher Borschtsch besteht aus zahllosen Gemüsesorten, moderne Varianten werden oft mit Hühnerbrühe zubereitet oder ganz vegetarisch. Grundlage dieser Suppe ist eine Brühe aus Rindermarkknochen, wie sie für die osteuropäische Küche typisch ist. In jüdischen delis *ist Borschtsch ein echter Klassiker, ebenso wie in Brooklyns Brighton Beach und im Veselka, einem ukrainischen Lokal in East Village, das rund um die Uhr heißen oder kalten Borschtsch serviert.*

FÜR DIE BRÜHE

1,5 kg Rindermarkknochen

Meersalz

1,25 kg Rinderbrust, Fett entfernt

450 g ganze Dosentomaten

1 große gelbe Zwiebel, geviertelt

2 Stangen Bleichsellerie, in 15 cm lange Stücke geschnitten

1 TL schwarze Pfefferkörner

1 frisches Lorbeerblatt

750 g Rote Bete

2 EL Apfelessig, plus 60 ml

Meersalz

½ Kopf Weißkohl, dünn gehobelt (etwa 200 g)

½ große gelbe Zwiebel, gewürfelt

1 Stange Bleichsellerie, gewürfelt

2 Möhren, geschält und in dünne Scheiben geschnitten

2 EL gehackter frischer Dill, plus mehr zum Garnieren

1 EL Zucker

Frisch gemahlener Pfeffer

Saure Sahne zum Servieren

Für 10–12 Personen

1 Die Markknochen mit 4 Liter Wasser und 1 Esslöffel Salz in einem großen Topf bei starker Hitze aufkochen. Auf schwache Hitze schalten und halb zugedeckt etwa 1 Stunde köcheln lassen. Regelmäßig den aufsteigenden Schaum abschöpfen. Die Knochen mit einem Schaumlöffel herausnehmen und wegwerfen. Das Rindfleisch, die Tomaten mit dem Saft, Zwiebel, Sellerie, Pfefferkörner und Lorbeerblatt in die Brühe geben, bei starker Hitze aufkochen. Auf schwache Hitze schalten und halb zugedeckt etwa 2 Stunden köcheln lassen, bis das Fleisch sich mit einer Gabel zerteilen lässt.

2 Das Fleisch in eine Schüssel geben. Die Brühe in eine zweite Schüssel abseihen, dabei mit einem Löffelrücken möglichst viel Flüssigkeit aus dem Gemüse drücken. Die Reste im Sieb wegwerfen. Fleisch und Brühe zugedeckt für mindestens 4 Stunden oder über Nacht kalt stellen.

3 Die Blätter, falls vorhanden, von den Roten Beten abschneiden und diese halbieren oder vierteln. In einem Topf 2 Liter Wasser bei starker Hitze aufkochen. Die Roten Beten einlegen, 2 Esslöffel Apfelessig und 1 Esslöffel Salz dazugeben. Zugedeckt wieder aufkochen und bei mittlerer bis schwacher Hitze etwa 1 Stunde köcheln lassen, bis die Roten Beten sehr weich sind. Falls nötig, Wasser nachfüllen, damit sie bedeckt bleiben. In der Garflüssigkeit abkühlen lassen.

4 Das an der Oberfläche fest gewordene Fett von der gekühlten Brühe abheben. Die Brühe in einem Topf bei mittlerer Hitze aufwärmen. Das Fleisch in etwa 5 mm große Würfel schneiden, in die Brühe geben und etwa 10 Minuten erhitzen. Den Weißkohl, die Zwiebel und den Sellerie hinzufügen und in etwa 20 Minuten weich garen.

5 Die Roten Beten aus der Garflüssigkeit nehmen, die Flüssigkeit in den Suppentopf abseihen. Die Haut von den Roten Beten abziehen und diese auf der Rohkostreibe grob raffeln. Mit den Möhren und 2 Esslöffeln Dill in die Suppe geben. Bei mittlerer bis schwacher Hitze etwa 15 Minuten köcheln lassen, bis die Möhren weich sind. 60 Milliliter Apfelessig und den Zucker unterrühren, mit Salz und Pfeffer abschmecken. Eventuell mit weiterem Essig und/ oder Zucker nachwürzen.

6 Den Borschtsch in vorgewärmte Suppenteller schöpfen, je einen Klecks saure Sahne in die Mitte setzen und mit etwas Dill bestreuen. Sofort servieren.

VESELKA
VESELKA
COFFEE SHOP
open
24
Hours
STELLA

ICEBERG WEDGES WITH BLUE CHEESE DRESSING

Eisbergsalat mit Blauschimmelkäse-Dressing

Eisbergsalat wurde vor über einem Jahrhundert in Doylestown, Pennsylvania, gezüchtet und stand bis vor Kurzem auf beinahe jeder Speisekarte. Inzwischen hat man ihn vielerorts durch bunte Salatmischungen und andere zarte Blattgemüse ersetzt. Aber in New Yorker Steakhäusern ist der Salat Tradition geblieben.

1 In einer kleinen Schüssel die Mayonnaise mit der sauren Sahne, dem Zitronensaft, Tabasco und je 1/4 Teelöffel Salz und Pfeffer glatt rühren. Den Blauschimmelkäse und die Schnittlauchröllchen unterrühren. Falls nötig, mit Salz nachwürzen.

2 Mit einem kleinen, scharfen Messer den Strunk aus dem Salatkopf herausschneiden. Sind die äußeren Blätter welk oder weisen sie dunkle Stellen auf, diese Blätter entfernen und wegwerfen. Den Salatkopf in 6 gleich große Spalten schneiden.

3 Die Salatspalten auf einzelne gekühlte Teller setzen. Jeweils großzügig mit dem Dressing beträufeln, mit Schnittlauchstückchen garnieren und sofort servieren.

Dazu einen leichten, würzig-fruchtigen Rotwein reichen wie den Cabernet Franc.

100 g Mayonnaise

125 g saure Sahne

Frisch gepresster Saft von 1 Zitrone

1 Spritzer Tabasco

Meersalz

Frisch gemahlener schwarzer Pfeffer

175 g Blauschimmelkäse, zerkrümelt

3 EL Schnittlauchröllchen, plus größere Stücke zum Garnieren

1 Kopf Eisbergsalat, gekühlt

Für 6 Personen

New Yorks Steakhäuser

Der Terminus »New York Steakhouse« beschreibt eine spezielle Art von Restaurant mit dunklem Holz und weißen oder karierten Tischtüchern. Serviert werden beste, abgehangene Steaks, aber auch Gerichte wie Eisbergsalat mit Blauschimmelkäse-Dressing und Fleischtomaten mit Zwiebeln. Klassische Beilagen sind Rahmspinat, Ofen- und Bratkartoffeln oder Kartoffelpüree. Das Dessert der Wahl heißt meist Käsekuchen.

Steakhäuser haben eine lange Tradition. Zu den ersten gehörte das Old Homestead, das sich bis heute am ursprünglichen Standort im Meatpacking District befindet. Bei der Eröffnung, 1868, lag das Viertel noch am Stadtrand, wo die Farmer ihre Rinder zum Markt brachten. Zwei weitere, längst alteingesessene Steakhäuser folgten: 1885 das Keen's im Garment District und 1887 das Peter Luger's in Brooklyn. In den 1920ern hatten sich die Steakhäuser etabliert, mit berühmten Einrichtungen wie dem Gallagher's und The Palm. Heute servieren Jean-Georges Vongerichtens V Steakhouse und Laurent Tourondels BLT Steakhouse neu kreierte Klassiker.

CHICKEN MATZO BALL SOUP

Hühnersuppe mit Matzenbällchen

Die traditionelle Spezialität zum Passahfest wird heute das ganze Jahr hindurch gegessen und ist zu einem echten New Yorker Klassiker geworden. Goldgelb und aromatisch sollte die Brühe sein, und die Matzenbällchen dürfen nicht in die Suppe sinken, sondern sollten an der Oberfläche schwimmen. Ganz besonders gut schmeckt die Suppe der Second Avenue Deli in der Lower East Side, die für ihre locker-leichten Matzenbällchen berühmt ist. Am besten bereitet man die Suppe schon am Vortag, dann kann man das auf der erkalteten Brühe schwimmende Fett für die Bällchen verwenden.

1 Suppenhuhn (2–2,5 kg)

6 Hühnerflügel

10 g frische glatte Petersilie, plus 10 g gehackte Petersilie

10 g frischer Dill, plus 3 EL gehackter Dill

½ TL schwarze Pfefferkörner

1 große gelbe Zwiebel

1 Kohlrübe

5 große Möhren

3 Stangen Bleichsellerie

1 Knoblauchzehe

2 Lorbeerblätter

Meersalz

4 große Eier

60 ml Hühnerfett von der Brühe oder Rapsöl

Frisch gemahlener schwarzer Pfeffer

150 g Matzenmehl (siehe Glossar)

100 g Lauch, nur die weißen und hellgrünen Teile in Scheiben geschnitten

Frisch gepresster Saft von ½ Zitrone

Für 6–8 Personen

1 Für die Brühe den Hals vom Huhn abtrennen und die Innereien aus der Bauchhöhle entfernen (anderweitig verwenden oder wegwerfen). Das Huhn innen und außen waschen und mit den Hühnerflügeln in einen großen Topf legen. Je 10 Gramm Petersilie und Dill und die Pfefferkörner in ein Stück Musselin (10 × 10 cm) binden. Zwiebel und Kohlrübe schälen und vierteln, 2 Möhren schälen und in je 4 gleich große Stücke schneiden, 2 Selleriestangen ebenfalls in 4 gleich große Stücke schneiden. Dieses Gemüse mit dem Kräuterbündel, Knoblauch, den Lorbeerblättern, 1 Esslöffel Salz sowie 4,5 Liter Wasser in den Topf füllen. Bei starker Hitze aufkochen. Auf schwache Hitze schalten und halb zugedeckt etwa 1½ Stunden köcheln lassen, bis das Huhn weich ist. Regelmäßig den aufsteigenden Schaum abschöpfen. Das Suppenhuhn mit einer Küchenzange vorsichtig aus der Brühe nehmen und abkühlen lassen.

2 Das Gemüse und die Hühnerflügel halb zugedeckt noch etwa 2 Stunden köcheln lassen, bis eine kräftige Brühe entstanden ist. Die Brühe abseihen, Gemüse und Hühnerflügel wegwerfen. Die Brühe auf Raumtemperatur abkühlen lassen und zugedeckt über Nacht kalt stellen. Am nächsten Tag das Fett von der Oberfläche abheben und nach Belieben für die Matzenbällchen aufbewahren.

3 Die Haut vom Huhn abziehen und wegwerfen. Das Fleisch von den Knochen lösen, in mundgerechte Stücke zerteilen und bis zur Verwendung kalt stellen.

4 Für die Matzenbällchen die Eier in einer großen Schüssel gut verquirlen. Das Hühnerfett oder Rapsöl, 60 Milliliter Brühe, 1 Esslöffel gehackten Dill, 1 Teelöffel Salz und ½ Teelöffel Pfeffer unterrühren. Mit einem Holzlöffel das Matzenmehl gründlich einarbeiten. Den Teig zugedeckt für 1 Stunde kalt stellen.

5 Einen großen Topf zu drei Vierteln mit Wasser füllen und dieses bei starker Hitze aufkochen. Die Hitze reduzieren, sodass das Wasser nur noch köchelt, und 3 Esslöffel Salz einrühren. Mit angefeuchteten Händen aus dem Matzenteig Bällchen von 2,5 cm Durchmesser formen. Dabei regelmäßig die Hände mit kaltem Wasser anfeuchten, damit der Teig nicht kleben bleibt. Der Teig sollte für 16 Bällchen ausreichen. Die Matzenbällchen nacheinander vorsichtig ins köchelnde Wasser gleiten lassen. Zugedeckt etwa 30 Minuten schwach garen, bis sich ihr Volumen verdoppelt hat.

6 Inzwischen die Brühe bei mittlerer Hitze erwärmen, mit Salz und Pfeffer abschmecken. Die restlichen Möhren schälen und würfeln, den übrigen Sellerie ebenfalls würfeln. Mit dem Hühnerfleisch, dem Lauch und der gehackten Petersilie in die Brühe geben. 30 Minuten köcheln lassen, bis das Gemüse weich ist. Kurz vor dem Servieren die restlichen 2 Esslöffel Dill und den Zitronensaft unterrühren.

7 Zum Servieren 2–3 Matzenbällchen in einzelnen Suppentellern anrichten und die Suppe darüberschöpfen. Sofort servieren.

Dazu einen körperreichen Chardonnay servieren.

BUTTERNUT SQUASH AND APPLE SOUP WITH FRIED SAGE

Kürbis-Apfel-Suppe mit gebratenem Salbei

Der Herbst ist New Yorks schönste Jahreszeit. Auf den Bauernmärkten macht die letzte Pflaumenernte duftenden Trauben und Äpfeln Platz. Statt Gemüsemais und Tomaten stapeln sich nun Kürbisse auf den Ständen. Die New Yorker sind aus dem Sommerurlaub zurück und freuen sich auf Gerichte mit diesen herrlichen Saisonprodukten.

1 Den Backofen auf 220 °C vorheizen. Kürbisfleisch und gehackte Äpfel auf ein Backblech mit Rand geben. Mit 3 Esslöffeln Olivenöl beträufeln, salzen, pfeffern, vermischen und gleichmäßig verteilen. 30–40 Minuten im Ofen backen, bis die Mischung weich und schwach gebräunt ist.

2 In einem mittelgroßen Topf bei mittlerer Temperatur das übrige Öl erhitzen. Zwiebel, Möhren und Sellerie unter häufigem Rühren 10–15 Minuten darin braten, bis die Zwiebel glasig und das restliche Gemüse weich ist. Schalotten und Knoblauch untermischen und 1 Minute mitbraten. Die Mischung aus dem Ofen, Essig, 1,5 Liter Hühnerbrühe und den gehackten Salbei hinzufügen und aufkochen. Bei schwacher Hitze 30 Minuten köcheln lassen, sodass sich die Aromen verbinden können.

3 Inzwischen in einer kleinen Pfanne bei mittlerer bis starker Hitze die Butter mit dem Olivenöl zerlassen. Die ganzen Salbeiblätter portionsweise hineingeben und in etwa 1 Minute leicht knusprig braten. Auf Küchenpapier abtropfen lassen.

4 Die Suppe mit dem Pürierstab, im Mixer oder in der Küchenmaschine cremig pürieren. Wieder in den Topf füllen. Ist sie zu dick, noch etwas Brühe unterrühren. Bei mittlerer bis schwacher Hitze erwärmen. Mit Salz und Pfeffer abschmecken. In vorgewärmte Suppenteller schöpfen, den Salbei darüberkrümeln und einen Klecks Crème fraîche in die Mitte setzen. Sofort servieren.

Dazu passt ein fruchtiger Riesling.

1 Butternusskürbis (etwa 750 g), geschält, Samen entfernt, in 2,5 cm große Würfel geschnitten

3 süße Äpfel, etwa Pink Lady oder McIntosh, geschält, vom Kerngehäuse befreit und gehackt

5 EL Olivenöl

Meersalz

Frisch gemahlener schwarzer Pfeffer

½ große gelbe Zwiebel, gewürfelt

2 kleine Möhren, geschält und gewürfelt

2 Stangen Bleichsellerie, gewürfelt

2 Schalotten, ganz fein gehackt

2 Knoblauchzehen, ganz fein gehackt

1 TL Apfelessig

1,5–2 l Hühnerbrühe

6 frische Salbeiblätter, ganz fein gehackt

FÜR DIE SALBEIBLÄTTER

2 EL Butter

2 EL Olivenöl

18 ganze frische Salbeiblätter

Crème fraîche zum Servieren

Für 6 Personen

New Yorker Äpfel

Der Bundesstaat New York wird oft mit Äpfeln in Verbindung gebracht – auch wegen des Spitznamens von New York City, »The Big Apple«, der jedoch überhaupt nichts mit dem Obst zu tun hat. Dennoch geht der Apfelanbau im Bundesstaat bis auf 1640 zurück, als Gouverneur Peter Stuyvesant einen Baum aus Holland in die heutige Third Avenue pflanzte. Schon zu Beginn des 18. Jahrhunderts bauten die Kolonisten Äpfel für Cidre an, der zum Tausch diente. Der Anbau dehnte sich bis ins Hudson River Valley und nach Long Island aus, und schon bald war der Apfel New Yorks Anbaufrucht Nummer eins.

Viele hundert Apfelsorten sind hier bereits vor mehreren Jahrhunderten entstanden, etwa Newtown Pippin (1758), Northern Spy (1800) oder Jonathan (1826). Andere Sorten sind neue Züchtungen: Spigold, eine Kreuzung von Spy und Golden Delicious (1962), oder Jonamac (1972) mit Eigenschaften von Jonathan und McIntosh. Viele Farmer bevorzugen jedoch unbekannte »alte« Sorten, etwa Golden Russet, Northern Spy oder Black Twig, die man nur auf den Bauernmärkten der Region erhält.

MAIN COURSES

Die Hauptgerichte können so bodenständig sein wie ein New Yorker

Grillsteak oder so elegant wie eine Long-Island-Ente mit Orangensauce.

Bodenständiger Genuss steht bei den Hauptgerichten der New Yorker Küche an erster Stelle, von der traditionellen Rinderbrust bis zum knusprigen Brathuhn. Die unkomplizierten Speisen werden durch beste Zutaten zu kulinarischen Meisterstücken. Frischer Mozzarella vom Erzeuger verfeinert gebackene Ziti, einen italoamerikanischen Klassiker; Quitten und Äpfel vom Bauernmarkt geben einem Schweinebraten den letzten Pfiff. Das Meer vor der Haustür garantiert frischestes Seafood, und selbst aus einem Hamburger zaubern New Yorker Küchenchefs eine unvergessliche Mahlzeit.

NEW YORK STEAK WITH BEER-BATTERED ONION RINGS

New Yorker Grillsteak mit Zwiebelringen

Im Jahr 1850 servierte das berühmte Delmonico's das vermeintlich erste Steak in der Geschichte New Yorks. Dieses von den New Yorkern gern als strip steak, *auch als* New York Steak *oder* Delmonico's Steak *bezeichnete Ribeye-Steak ist längst zum Klassiker geworden. Meist bestellt man es* à la carte *mit grünem Gemüse und Petersilienkartoffeln.*

1 Die Butter mit einem Holzlöffel in einer kleinen Schüssel cremig rühren. Die Kräuter und je ½ Teelöffel Salz und Pfeffer unterrühren. Mit Klarsichtfolie luftdicht abdecken und kalt stellen.

2 Für die Steaks in einem Holzkohlegrill die Glut entfachen, einen Gasgrill vorbereiten oder eine gusseiserne Grillpfanne bei mittlerer bis hoher Temperatur erhitzen. Die Steaks von beiden Seiten mit Salz und Pfeffer bestreuen, mit den Händen einreiben und anschließend von beiden Seiten mit Olivenöl bestreichen. Die Steaks über die heißeste Stelle auf den Grillrost legen und von beiden Seiten je etwa 2 Minuten grillen, sodass sich möglichst schnell die Poren schließen. Soll das Fleisch im Innern blutig sein, weitere 6–8 Minuten, soll es rosa werden, weitere 10–12 Minuten grillen. Dabei einmal wenden. Werden die Steaks in der Pfanne zubereitet, 12 Minuten (blutig) oder 14 Minuten (rosa) braten und nach der Hälfte der Zeit einmal wenden. Auf eine Platte legen, mit Alufolie abdecken und etwa 5 Minuten ruhen lassen.

3 In der Zwischenzeit das Öl für die Zwiebelringe 7,5–10 cm hoch in einen großen Topf mit schwerem Boden gießen. Auf 190 °C erhitzen (mit dem Thermometer prüfen). In einer Schüssel Mehl und Bier verschlagen. Die Zwiebelscheiben in Ringe trennen, in den Bierteig tauchen und überschüssigen Teig abtropfen lassen. Portionsweise 2–3 Minuten im heißen Öl goldbraun frittieren. Mit einer Küchenzange herausnehmen und auf Küchenpapier abtropfen lassen. Mit Salz bestreuen.

4 Die Steaks auf vorgewärmten Tellern anrichten. Je 1 Esslöffel Kräuterbutter daraufsetzen und die Zwiebelringe gleichmäßig darüber verteilen. Sofort servieren.

Dazu einen körperreichen Rotwein servieren, etwa einen Bordeaux.

FÜR DIE KRÄUTERBUTTER

6 EL Butter, raumtemperiert

1½ EL fein gehackte frische Kräuter, etwa Rosmarin, Estragon, Thymian, Majoran, Schnittlauch und/oder glatte Petersilie

Meersalz

Frisch gemahlener schwarzer Pfeffer

FÜR DIE STEAKS

6 Rindersteaks aus dem Kern der Hochrippe (je etwa 4 cm dick), raumtemperiert

Meersalz

Frisch gemahlener schwarzer Pfeffer

Natives Olivenöl extra zum Bestreichen

FÜR DIE ZWIEBELRINGE

Rapsöl zum Frittieren

150 g Mehl

250 ml dunkles Bier

2 süße Zwiebeln, quer in etwa 1 cm dicke Scheiben geschnitten

Meersalz

Für 6 Personen

LONG ISLAND DUCK WITH ORANGE SAUCE

Long-Island-Ente mit Orangensauce

Das Four Seasons in Midtown Manhattan ist legendär. Neben der hervorragenden Küche beeindrucken auch die berühmte Klientel – Politiker, Diplomaten, Schriftsteller und andere Prominente – und natürlich die Räumlichkeiten mit dem großartigen Design der Architekten Philip Johnson und Mies van der Rohe. Je nach Saison wechselt der Blätterschmuck; und auch die Spezialität des Hauses, Long Island Duck, *wird zu jeder Jahreszeit mit einer anderen Sauce serviert. Die Zubereitung der Ente beginnt drei Tage im Voraus, doch sie ist einfacher, als man glaubt.*

1 Long-Island- oder Pekingente (2–3 kg), mit Hals und Innereien

2 unbehandelte Orangen

250 ml Sojasauce

2,5 cm frischer Ingwer, geschält und in dünne Scheiben geschnitten

2 Knoblauchzehen, halbiert

2 EL flüssiger Honig

1½ TL Pfefferkörner

FÜR DIE ORANGENSAUCE

3 Stangen Bleichsellerie, gehackt

1 Möhre, geschält und gehackt

1 gelbe Zwiebel, mit der Schale gehackt

500 ml Rotwein

2 EL Tomatenmark

1½ TL Mehl

500 ml Hühnerbrühe

2 EL Orangenmarmelade

250 ml frisch gepresster Orangensaft

2 EL Grand Marnier

1 EL Rotweinessig

Meersalz

Frisch gemahlener Pfeffer

Für 4 Personen

1 Drei Tage vor dem Servieren den Hals der Ente abtrennen, die Innereien aus der Bauchhöhle ziehen und für die Sauce aufbewahren. Alles überschüssige Fett wegschneiden. Die Ente von innen und außen waschen und mit Küchenpapier trockentupfen. Die Flügel abtrennen und zu Hals und Innereien geben. Mit einem kleinen Messer die Haut am Rücken im Abstand von 2,5 cm einschneiden (etwa 5 mm lang), ohne das Fleisch zu verletzen. Einen Backofenrost auf ein Backblech setzen, die Ente darauflegen und zum Trocknen für 2 Tage kalt stellen.

2 Zwei Tage vor dem Servieren der Ente die Schale von 1 Orange abreiben und beiseite stellen. Beide Orangen oben und unten kappen und aufrecht auf ein Schneidbrett setzen. Mit einem scharfen Messer die Schale der Orangen von oben nach unten »bis aufs Fleisch« abschälen. Die Filets aus den Häuten schneiden und in einer Schüssel zugedeckt kalt stellen. Die abgeriebene Orangenschale, Sojasauce, den Ingwer, Knoblauch, Honig und die Pfefferkörner zu einer Marinade verrühren. Zugedeckt über Nacht kalt stellen.

3 Einen Tag vor dem Servieren die Ente mit der Brust nach oben in einen großen, flachen Schmortopf legen. Die gekühlte Marinade abseihen. Die Ente mit der Hälfte der Marinade bestreichen und bei Raumtemperatur 20 Minuten einwirken lassen. Mit der restlichen Marinade bestreichen, über Nacht kalt stellen.

4 Am Folgetag die Orangensauce zubereiten. Dafür den Backofen auf 200 °C vorheizen. Hals, Flügel und Innereien der Ente samt Sellerie, Möhre und Zwiebel in einem Schmortopf in etwa 20 Minuten im Ofen dunkelbraun braten. Ententeile und Gemüse in eine Schüssel umfüllen. Den Schmortopf bei mittlerer Temperatur erhitzen, 250 Milliliter Rotwein hineingießen und mit einem Löffel den Bratensatz vom Topfboden lösen. Das Tomatenmark unterrühren und etwa 1 Minute erhitzen, bis es dunkler wird. Das Mehl einrühren und weitere 3 Minuten erhitzen. Den restlichen Rotwein, Ententeile und Gemüse sowie die Hühnerbrühe hinzufügen und aufkochen. Bei schwacher Hitze in 5–6 Minuten um die Hälfte einkochen lassen. Abseihen, die festen Teile wegwerfen. Die Sauce beiseite stellen.

5 Die Ente 20 Minuten vor dem Braten aus dem Kühlschrank nehmen. Einen Backofenrost auf die mittlere, ein Backblech auf die unterste Schiene schieben. Den Backofen auf 190 °C vorheizen. Einen flachen Bräter etwa 5 mm hoch mit Wasser füllen und auf das untere Blech stellen. Die Ente mit der Brust nach oben direkt auf den Rost in der Mitte legen und 1½–2 Stunden braten, bis die Haut dunkelbraun ist. Die Ente auf eine Platte legen, mit Alufolie bedecken und 10–15 Minuten ruhen lassen.

6 Inzwischen die Orangensauce fertig stellen. Dafür in einem Topf Marmelade, Orangensaft, Grand Marnier und Essig bei mittlerer Temperatur erhitzen. In etwa 10 Minuten um die Hälfte einkochen lassen. In die Sauce rühren, mit Salz und Pfeffer abschmecken.

7 Die Ente tranchieren und auf Tellern anrichten. Darüber und rundum die Sauce verteilen und mit den Orangenfilets garnieren. Sofort servieren.

Mit einem würzigen Zinfandel oder Pinot Noir servieren.

PORK BRAISED IN RIESLING WITH APPLE-QUINCE COMPOTE

In Riesling geschmortes Schweinefleisch

Peter Hoffman, Chefkoch im Savoy Restaurant in Soho, geht gern persönlich auf den Bauernmärkten einkaufen. Dort belädt er sein Rad mit den frischen Saisonprodukten für das 1990 eröffnete Restaurant. Jeden Oktober erwartet er ungeduldig die ersten Quitten, die er in der kurzen Saison auf vielerlei Arten zubereitet.

1 Das Fleisch in eine säurebeständige Schüssel legen, rundum mit Salz und Pfeffer würzen. Zugedeckt über Nacht kalt stellen.

2 In einem Topf mit schwerem Boden das Olivenöl bei mittlerer bis hoher Temperatur erhitzen. Das Fleisch darin etwa 8 Minuten rundum braun anbraten. Auf einen Teller legen. Auf mittlere Hitze schalten und die Zwiebeln in dem verbliebenen Öl in 8–10 Minuten goldbraun braten. Knoblauch, Zimtstange, Thymian, Petersilie und Lorbeerblatt hinzufügen und weitere 2 Minuten braten, bis der Knoblauch duftet. Den Riesling dazugießen und mit einem Löffel den Bratensatz vom Topfboden lösen. Das Fleisch wieder einlegen und so viel Wasser hinzugießen, dass es fast bedeckt ist. Salzen, pfeffern und zugedeckt bei schwacher Hitze in etwa $1^{1}/_{2}$ Stunden weich schmoren. Möhren und Calvados hinzufügen und weitere 30 Minuten schmoren, bis die Möhren gar sind. Mit dem Essig, Salz und Pfeffer abschmecken.

3 Für das Kompott Quitten und Äpfel schälen, vom Kerngehäuse befreien und in 2,5 cm große Stücke schneiden. In einem Topf die Butter bei mittlerer Hitze zerlassen. Die Zwiebel darin in 10–12 Minuten glasig schwitzen. Quitten, Äpfel, Riesling und Honig einrühren und bei schwacher Hitze in 30–35 Minuten weich garen. Senf und Zitronenschale unterrühren.

4 Das Fleisch und die Sauce auf Teller verteilen. Das Kompott daneben anrichten.

Dazu einen trockenen Riesling oder Gewürztraminer reichen.

1 kg Schweineschulter ohne Knochen, Fett entfernt, in 5 cm große Stücke geschnitten

Meersalz und frisch gemahlener schwarzer Pfeffer

125 ml Olivenöl

2 mittelgroße gelbe Zwiebeln, gewürfelt

6 Knoblauchzehen

1 Zimtstange

Je 4 Zweige frischer Thymian und glatte Petersilie

1 Lorbeerblatt

750 ml Riesling

2 Möhren, geschält und gewürfelt

125 ml Calvados

2 TL Weißwein- oder Apfelessig

FÜR DAS KOMPOTT

Je 3 Quitten und säuerliche Äpfel

4 EL Butter

1 große gelbe Zwiebel, gewürfelt

250 ml Riesling

90 g flüssiger Honig

1 EL Dijonsenf

Abgeriebene Schale von 1 unbehandelten Zitrone

Für 4–6 Personen

Quitten

Die plumpen gelblichen Früchte mit den feinen Härchen sind roh sehr hart und sauer. Werden sie aber gekocht, pochiert oder gebacken, entwickeln sie einen feinen Apfelgeschmack und duften nach Aprikose und Vanille. Nach Amerika gelangte die Quitte durch europäische Siedler. Trotz ihrer frühen Beliebtheit bleibt sie vielen dubios, weil sie sich bei der Zubereitung unsicher sind. New Yorker Küchenchefs können während der kurzen Saison aber gar nicht genug davon bekommen.

Früher bauten zahlreiche Farmer im Hudson River Valley neben Äpfeln auch Quitten an. Inzwischen gehört Locust Grove Farm, in sechster Generation im Norden von New York bewirtschaftet, zu den wenigen Obstfarmern, die auf den Märkten der Stadt überhaupt noch Quitten verkaufen. Schon Mitte Oktober, noch vor der Ernte, geben vor allem Küchenchefs auf dem Markt am Union Square ihre Bestellungen auf. Im Dezember servieren die besten Restaurants der Stadt dann Quitten als Kompott und Chutney zu pikanten Gerichten, sie verarbeiten sie aber auch zu Kuchen und Pies.

VEAL MILANESE

Kalbsschnitzel Mailänder Art

Veal Milanese *ist ein fester Bestandteil der New Yorker Küche. Es wird sowohl in Pizzerias in der Bronx und kleinen Restaurants in Little Italy serviert als auch in hochpreisigen Speiselokalen wie The Palm, dem berühmten Steakhaus in der Upper East Side, oder in Mario Batalis Babbo Ristorante e Enoteca und im Sant Ambroeus, beide in Greenwich Village. Der Klassiker wird hier für die Zubereitung zu Hause vereinfacht: Statt der Kalbskoteletts werden Kalbsschnitzel verwendet. Die Beilage besteht aus einem erfrischend pfeffrigen Rucola-Tomaten-Salat.*

4 Kalbsschnitzel (je etwa 6 mm dick)

Meersalz

Frisch gemahlener schwarzer Pfeffer

175 g feine Semmelbrösel

60 g frisch geriebener Parmesan

2 EL fein gehackte frische glatte Petersilie

1 EL getrockneter Oregano, zerkrümelt

2 große Eier

150 g Mehl

150 g Rucola

200 g süße kleine Tomaten, halbiert

Natives Olivenöl extra

Frisch gepresster Saft von ½ Zitrone

Olivenöl zum Braten

4 EL Butter

Ein Stück Parmesan

1 Zitrone, in 8 Spalten geschnitten

Für 4 Personen

1 Jedes Schnitzel zwischen 2 Lagen Klarsichtfolie mit einem Fleischklopfer gleichmäßig auf 3 mm Dicke flach klopfen. Von beiden Seiten mit Salz und Pfeffer würzen und einreiben.

2 Auf einem Essteller die Semmelbrösel mit dem Parmesan, der Petersilie, dem Oregano, 1 Teelöffel Salz und ½ Teelöffel Pfeffer vermischen. Die Eier in einer flachen Schale leicht verschlagen. Das Mehl auf einem weiteren Teller ausbreiten. Die Schnitzel im Mehl wenden, überschüssiges Mehl abklopfen. Anschließend in die Eier tauchen, überschüssiges Ei abtropfen lassen. Zuletzt in der Semmelbröselmischung wenden und die Mischung auf beiden Seiten festdrücken. Die Schnitzel nebeneinander auf ein großes Brett legen. Mit Klarsichtfolie abdecken und bis zum Braten kalt stellen.

3 In einer großen Schüssel Rucola und Tomaten mit so viel Olivenöl beträufeln, dass sie gleichmäßig überzogen werden. Den Zitronensaft darüberträufeln. Mit Salz und Pfeffer würzen und den Salat vorsichtig mischen. Beiseite stellen.

4 Eine große Pfanne mit schwerem Boden bei mittlerer bis hoher Temperatur sehr heiß werden lassen. Das Olivenöl etwa 5 mm hoch in die Pfanne gießen, die Butter hinzufügen. Sobald die Butter geschmolzen und die Fettmischung heiß ist (sie darf noch nicht rauchen), die Schnitzel portionsweise einlegen. Von einer Seite in 1–2 Minuten goldbraun ausbacken. Wenden und von der anderen Seite ebenfalls in 1–2 Minuten goldbraun ausbacken. Auf Küchenpapier abtropfen lassen.

5 Die Schnitzel auf Tellern anrichten. Den Salat gleichmäßig daneben verteilen. Mit einem Sparschäler oder einem Käsehobel über jede Salatportion je 4–5 Parmesanspäne hobeln und 2 Zitronenspalten dazulegen. Sofort servieren.

Dazu einen weichen Pinot Noir reichen.

Variante: Für das klassische *Veal Milanese* die Schnitzel durch Kalbskoteletts ersetzen. Jedes Kotelett mit dem Knochen flach klopfen, wie oben beschrieben. Nach Rezeptangabe fortfahren.

ONE WAY
YAFFA'S

BEEF BRISKET WITH SWEET POTATOES AND PRUNES

Rinderbrust mit Süßkartoffeln und Pflaumen

Der jüdische Sabbat beginnt mit Sonnenuntergang am Freitagabend und endet mit Sonnenuntergang am Samstag. Während dieser Zeit darf der Küchenofen nicht genutzt werden. Da Rinderbrust jedoch möglichst langsam gegart werden sollte, wurde das Fleisch für den Sabbat bei Sonnenuntergang am Freitag in den Ofen geschoben und garte bis zum nächsten Tag in der verbleibenden Hitze.

2–2,5 kg Rinderbrust

1 TL Paprikapulver

Meersalz

Frisch gemahlener schwarzer Pfeffer

4 EL Rapsöl

3 große gelbe Zwiebeln, gehackt

4 Knoblauchzehen, gehackt

½ TL gemahlener Piment

¼ TL Chiliflocken

500 ml Rotwein

450 g Dosentomaten, zerdrückt

2 Lorbeerblätter

2 frische Thymianzweige

1 frischer Rosmarinzweig

1 kg Süßkartoffeln mit orangefarbenem Fleisch oder Jamswurzeln, geschält und quer in 2,5 cm dicke Scheiben geschnitten

6–8 kleine Möhren, geschält und in 4 cm breite Stücke geschnitten

250 g Pflaumen oder auch Backpflaumen, entsteint

10 g frische glatte Petersilie, gehackt, zum Garnieren

Für 8 Personen

1 Überschüssiges Fett von der Rinderbrust wegschneiden. Das Fleisch waschen und mit Küchenpapier trockentupfen. Rundum mit Paprikapulver einreiben und kräftig mit Salz und Pfeffer würzen. In einem ofenfesten Topf mit Deckel 2 Esslöffel Öl bei mittlerer bis hoher Temperatur erhitzen. Das Fleisch darin von allen Seiten je etwa 4 Minuten kräftig braun anbraten. Auf einem Teller beiseite stellen.

2 Den Backofen auf 180 °C vorheizen. Das restliche Öl in demselben ofenfesten Topf bei mittlerer Temperatur erhitzen. Die Zwiebeln darin in 10–15 Minuten bei gelegentlichem Rühren goldbraun und weich braten. Knoblauch, Piment und Chiliflocken unterrühren und etwa 2 Minuten mitbraten, bis der Knoblauch duftet. Das Fleisch mit der Fettauflage nach oben wieder in den Topf legen. Den Wein und 1 Liter Wasser dazugießen, die Tomaten, Lorbeerblätter, Thymian und Rosmarin hinzufügen. Zugedeckt in den Ofen stellen und etwa 3 Stunden schmoren lassen, bis das Fleisch so weich ist, dass es sich mit einer Gabel leicht einstechen lässt. Dabei häufig mit der Sauce aus dem Topf begießen.

3 Aus dem Ofen nehmen und die Süßkartoffeln, Möhren und Pflaumen dazugeben. Zugedeckt noch 1 weitere Stunde im Ofen schmoren, bis auch die Süßkartoffeln und Möhren gar sind. Fleisch und Gemüse im Topf auf Raumtemperatur abkühlen lassen. Für mindestens 4 Stunden oder über Nacht in den Kühlschrank stellen.

4 Gut 30 Minuten vor dem Servieren den Ofen auf 180 °C vorheizen. Den Topf aus dem Kühlschrank nehmen und das Fett, das sich auf der Oberfläche abgesetzt hat, entfernen. Das Fleisch auf einem Schneidbrett quer zur Faser in etwa 1 cm dicke Scheiben schneiden. Wieder in den Topf legen und zugedeckt für 30 Minuten in den Ofen stellen, bis alles schön heiß ist. Das Fleisch mit dem Gemüse auf einer vorgewärmten Platte anrichten, die Sauce darüberschöpfen. Mit der Petersilie bestreuen und sofort servieren. Reichen Sie dazu Eiernudeln oder Kartoffelpfannkuchen.

Dazu einen körperreichen Long Island Cabernet Sauvignon reichen.

RISOTTO WITH PEAS, MOREL MUSHROOMS, AND RAMPS

Risotto mit Erbsen, Morcheln und Bärlauch

Sirio Maccioni, Besitzer des Le Cirque (inzwischen Le Cirque 2000) in New York, reiste 1974 durch Kanada. Seine Lust auf Pasta ließ ihn verschiedene Saisongemüse für die Sauce ausprobieren, und so entstanden Spaghetti Primavera. Maccionis Frau Egi erfand diese Variante der berühmten Pasta, einen Risotto mit ungewöhnlichem Frühlingsgemüse.

8 Stangen grüner Spargel, Enden weggeschnitten, bei Bedarf geschält und in etwa 5 mm dicke Scheiben geschnitten

150 g frisch gepalte grüne Erbsen

60 g Pinienkerne

125 g frische Morcheln oder Champignons, sauber gebürstet, Stiele gekappt, längs halbiert

6 EL Butter

3 EL Olivenöl

1,5 l Hühnerbrühe, eventuell mehr

4–5 Bärlauchblätter, die Stängel fein gehackt, die Blätter in dünne Streifen geschnitten, ersatzweise Frühlingszwiebeln

1 Knoblauchzehe, in dünne Scheiben geschnitten

500 g Risottoreis, etwa Carnaroli, Arborio oder Vialone Nano

375 ml trockener Weißwein

15 g frische glatte Petersilie, gehackt

175 g frisch geriebener Parmesan, plus mehr zum Servieren

Meersalz

Frisch gemahlener schwarzer Pfeffer

Für 4–6 Personen

1 Einen Topf zu drei Vierteln mit Wasser füllen, aufkochen und den Spargel darin 1 Minute blanchieren. In einer Schüssel mit Eiswasser abschrecken. Abgießen und beiseite stellen. Die Erbsen auf die gleiche Weise etwa 4 Minuten blanchieren, abschrecken und beiseite stellen.

2 Die Pinienkerne in einer Pfanne mit schwerem Boden bei mittlerer Hitze 5–7 Minuten rösten, bis sie goldgelb sind und duften, dabei die Pfanne mehrmals rütteln. Auf einem Teller beiseite stellen.

3 Werden Morcheln verwendet, diese in einer Schüssel mit kaltem Wasser kräftig mit den Fingern durchmischen, um restlichen Schmutz zu lösen, und abgießen. Mit Küchenpapier trockentupfen. In einer Pfanne 2 Esslöffel Butter mit 1 Esslöffel Olivenöl bei mittlerer Hitze zerlassen. Die Pilze in etwa 7 Minuten darin weich braten und beiseite stellen.

4 Die Hühnerbrühe in einem großen Topf bei mittlerer Hitze zum Köcheln bringen. Bei gleichmäßiger Temperatur leicht köcheln lassen.

5 In einem großen Topf bei mittlerer Hitze weitere 2 Esslöffel Butter mit dem übrigen Olivenöl zerlassen. Die gehackten Bärlauchstängel und den Knoblauch etwa 4 Minuten darin braten, bis der Bärlauch weich und der Knoblauch leicht gebräunt ist. Den Reis unter Rühren etwa 3 Minuten mitbraten, bis die Körner vom Fett überzogen sind und hellgolden schimmern. Den Wein hinzugießen und rühren, bis der Reis ihn absorbiert hat. Anschließend 250 Milliliter Hühnerbrühe zugießen und dabei ständig rühren, bis auch die Brühe absorbiert wurde. Sobald der Reis fast trocken ist, weitere 250 Milliliter Brühe dazugießen und rühren, bis der Reis erneut fast trocken ist. Den Vorgang wiederholen, bis der Reis fast bissfest gegart ist. Die Garzeit beträgt insgesamt etwa 20 Minuten.

6 Den Spargel, die Erbsen und Pilze unterrühren und 3 Minuten mitgaren. Die Pinienkerne und Petersilie untermischen und 1 Minute durchwärmen. Die übrigen 2 Esslöffel Butter und den Parmesan einrühren, mit Salz und Pfeffer abschmecken. Der Risotto sollte eine cremige, aber lockere Konsistenz haben. Ist er zu dick, noch mehr Brühe hinzugießen; ist er zu locker, etwas mehr Parmesan untermischen. Mit den Bärlauchblättern bestreuen und sofort servieren. Weiteren Parmesan auf den Tisch stellen.

Dazu einen weichen, körperreichen Merlot servieren, etwa einen Rivendell aus dem Hudson River Valley.

SAUTÉED CALF'S LIVER WITH MUSTARD-SHALLOT SAUCE

Kalbsleber mit Schalotten-Senf-Sauce

Gebratene Kalbsleber wird in vielen New Yorker Restaurants serviert, auch im eleganten Daniel, das vom Betreten durch die bronzebeschlagenen Türen bis zum Ausklang des Essens einen einzigartigen Genuss garantiert. Daniel Boulud ist Gastdozent im French Culinary Institute und dem Culinary Institute of America im Hyde Park.

1 Die Leberscheiben kalt abspülen und mit Küchenpapier trockentupfen. Auf beiden Seiten mit Salz und Pfeffer würzen. In einer großen Pfanne das Rapsöl stark erhitzen. Das Mehl auf einem Teller ausbreiten, die Leberscheiben darin wenden, überschüssiges Mehl abklopfen. Die Scheiben im heißen Öl von einer Seite 3–4 Minuten braten, wenden und von der anderen Seite weitere 3–4 Minuten braten. Auf einem Teller warm halten.

2 Die Butter in der Pfanne zerlassen. Die Schalotten darin in 2–3 Minuten weich schwitzen, ab und zu rühren. Den Essig hinzugießen und in 2–3 Minuten fast ganz einkochen lassen. Mit dem Weißwein ablöschen und 2–3 Minuten rühren, dabei den Bodensatz mit einem Löffel lösen. Die Brühe dazugießen und in 4–5 Minuten fast ganz einkochen lassen. Die Sahne einrühren, in 5–6 Minuten um die Hälfte einkochen lassen. Senf, Petersilie und Estragon unterrühren, mit Salz und Pfeffer abschmecken.

3 Die Leberscheiben auf vorgewärmten Tellern anrichten und die Sauce gleichmäßig darüberschöpfen. Sofort servieren.

Ein lieblicher Rotwein mit leichter Säure, etwa ein Pinot Noir, ist die ideale Begleitung.

750 g Kalbsleber, enthäutet, in 4 Scheiben geschnitten (je etwa 1 cm dick)

Meersalz

Frisch gemahlener schwarzer Pfeffer

2 EL Rapsöl

150 g Mehl

2 EL Butter

3 Schalotten, fein gehackt

2 EL Sherryessig oder Rotweinessig

60 ml trockener Weißwein

60 ml ungesalzene Rinderbrühe

60 ml Sahne

2 EL Dijonsenf

2 EL fein gehackte frische glatte Petersilie

1 EL fein gehackter frischer Estragon

Für 4 Personen

Kochschulen

Die Kochschulen von New York haben viele talentierte junge Küchenchefs hervorgebracht. Im French Culinary Institute wurden solch bemerkenswerte Köche wie Wylie Dufresne vom WD-50 und Bobby Flay vom Mesa Grill ausgebildet, und zu den Dozenten gehören Jacques Pépin, Daniel Boulud sowie Jacques Torres. Schüler des Institute of Culinary Education waren Gina Di Palma vom Babbo sowie Colin und Renée Alevras, die Besitzer des Tasting Room. Jedes Jahr machen fünfhundert neue Köche in der New School ihren Abschluss, und im berühmten Culinary Institute of America sind es jährlich 1100 Studenten.

All diese Schulen profitieren von den Bauernmärkten der Stadt, den hervorragenden Produkten der Region und den außergewöhnlichen Restaurants und Chefköchen. In der praktischen Ausbildung lernen die Studenten bei den Profis. Sie arbeiten mit Foodstylisten bei Zeitschriften wie *Saveur* und *Gourmet,* meist jedoch in Restaurantküchen – bei Babbo, Craft, Aureole, Jean Georges und Gotham Bar and Grill.

BUTTERFLIED CHICKEN WITH JERUSALEM ARTICHOKE AND CELERY ROOT PURÉE

Unter der Haut gefülltes Brathuhn mit Topinambur-Sellerie-Püree

Mitte der 1980er setzte sich in New York das comfort food *mit Gerichten wie Makkaroni mit Käse oder Brathähnchen mit Kartoffelpüree mehr und mehr durch. Das Union Square Café hatte mit Michael Romanos bodenständiger Küche und den frischen Produkten vom Bauernmarkt den Anstoß gegeben. Und nach wie vor lieben die New Yorker ländliche Gerichte.*

1 Huhn (1,5 kg)

1½ TL Pfefferkörner

4 Knoblauchzehen, fein gehackt

Je 2 TL gehackter frischer Thymian, Rosmarin und Salbei

Meersalz, frisch gemahlener Pfeffer

1 große Möhre, geschält und grob gehackt

1 Stange Bleichsellerie, grob gehackt

1 gelbe Zwiebel, in 8 Stücke geschnitten

FÜR DAS PÜREE

500 g mehlig kochende Kartoffeln

250 g Topinambur (siehe Glossar)

1 Sellerieknolle (etwa 250 g)

60 ml Sahne

60 ml Hühnerbrühe, eventuell mehr

2 EL Butter, raumtemperiert

Meersalz, frisch gemahlener Pfeffer

60 ml trockener Rotwein

250 ml Hühnerbrühe

1 EL Butter

Für 4 Personen

1 Den Backofengrill vorheizen. Hals und Innereien (falls vorhanden) aus der Bauchhöhle des Huhns nehmen und anderweitig verwenden oder wegwerfen. Überschüssiges Fett wegschneiden. Das Huhn mit der Brust nach unten auf ein Schneidbrett legen. Mit einer Geflügelschere zu beiden Seiten des Rückgrats aufschneiden und das Rückgrat entfernen. Den Vogel umdrehen, aufklappen und mit beiden Händen fest nach unten drücken, bis das Brustbein bricht, anschließend flach ausbreiten. Das Tier abspülen und mit Küchenpapier trockentupfen.

2 Das Huhn mit der Brust nach oben legen. Am Hals beginnend mit den Fingern unter die Haut fahren und diese zu beiden Seiten vorsichtig vom Brustfleisch lösen, sie darf dabei nicht einreißen. Nun die Haut am anderen Ende von den Schenkeln lösen. Im Mörser die Pfefferkörner grob zerreiben. Mit dem Knoblauch, den Kräutern und ½ Teelöffel Salz zu einer Paste verarbeiten. 2 Esslöffel dieser Kräutermischung aufbewahren, den Rest gleichmäßig unter die gelöste Haut schieben.

3 Möhre, Sellerie und Zwiebel in einen großen Schmortopf füllen. Das Huhn darauflegen und 20 cm unterhalb der Grillstäbe in den Ofen schieben. In etwa 30 Minuten goldbraun werden lassen. Beim Anstechen der Schenkel soll klarer Saft austreten.

4 In der Zwischenzeit für das Püree Kartoffeln, Topinambur und Sellerieknolle schälen und in 2,5 cm große Stücke schneiden. Einen Topf zu drei Vierteln mit Wasser füllen, aufkochen und das Gemüse darin bei mittlerer Hitze in etwa 20 Minuten sehr weich kochen. In einem kleinen Topf bei mittlerer Hitze die Sahne mit der Hühnerbrühe erwärmen. Das Gemüse abgießen und zerstampfen oder durch die Kartoffelpresse in eine Schüssel drücken. Mit einem Holzlöffel die Butter, dann die Sahnemischung unterrühren. Ist das Püree zu dick, mehr Brühe untermischen. Alternativ das Gemüse mit Butter und der Sahnemischung in der Küchenmaschine zu einem glatten Püree verarbeiten. Salzen, pfeffern und bis zum Servieren mit Alufolie warm halten.

5 Das Huhn auf eine Platte legen und locker mit Alufolie bedecken. Das Fett mit einem Löffel aus dem Schmortopf entfernen. Den Topf bei mittlerer bis hoher Temperatur auf den Herd stellen, Rotwein und Hühnerbrühe hineingießen, aufkochen und den Bratensatz vom Topfboden lösen. Die restliche Kräutermischung unterrühren, in 4–5 Minuten um die Hälfte einkochen lassen. Vom Herd nehmen und die Butter unterschlagen. Die Sauce abseihen, das Gemüse wegwerfen. Mit Salz und Pfeffer abschmecken.

6 Zum Servieren das Huhn mit der Geflügelschere am Brustknochen halbieren. Die Keulen und Flügel abtrennen, das Brustfleisch in Scheiben abschneiden. Das Püree auf vorgewärmte Teller verteilen. Das Fleisch darauf anrichten und mit der Sauce beträufeln. Sofort servieren.

Mit einem weichen Chardonnay servieren.

115

HERB-CRUSTED RACK OF LAMB WITH SHELL BEAN RAGOUT

Lammkarree mit Kräuterkruste und Bohnen

Die führenden New Yorker Küchenchefs sind stets auf der Suche nach den besten Produkten der kleinen regionalen Farmen. Bill Telepan, Chefkoch und Besitzer des früheren JUdson Grill in Midtown, kauft das Lammfleisch für dieses Gericht bei der Jamison Farm in Pennsylvania. Die Tiere werden nur mit Kräutern und Gras gefüttert, jung geschlachtet und gelten als höchst aromatisch.

1 Werden getrocknete Bohnen verwendet, diese verlesen, beschädigte Exemplare und Steinchen wegwerfen. Die Bohnen gründlich waschen, in einer Schüssel etwa 7,5 cm hoch mit Wasser bedecken und für mindestens 4 Stunden oder über Nacht einweichen lassen. (Alternativ, für eine schnelle Einweichmethode, die Bohnen mit dem Wasser kräftig aufkochen und 2 Minuten kochen lassen. Vom Herd nehmen und zugedeckt 1 Stunde stehen lassen.) Die Bohnen abgießen und beiseite stellen.

2 In einem großen Topf das Olivenöl bei mittlerer Temperatur erhitzen. Die Zwiebel mit dem gehackten Knoblauch darin zugedeckt in etwa 7 Minuten weich schwitzen. Ab und zu umrühren. Die frischen oder eingeweichten Bohnen und die Brühe hinzufügen. Bei mittlerer Hitze zum Köcheln bringen und weich garen (frische Bohnen 15–20 Minuten, getrocknete Bohnen 45–90 Minuten). Die Garzeit variiert je nach Sorte. Bei getrockneten Bohnen alle 30 Minuten eventuell etwas Wasser nachgießen, sodass die Bohnen bedeckt bleiben. Die ganze Knoblauchzehe im Mörser zu einer Paste zerreiben. In einer kleinen Schüssel mit der Butter, dem Essig sowie ½ Teelöffel Salz und ¼ Teelöffel Pfeffer gut vermischen. Unter die warmen Bohnen rühren. Mit Salz und Pfeffer abschmecken.

3 Während die Bohnen garen, den Backofen auf 230 °C vorheizen. Vom Lammkarree die Rippenenden freilegen. Dafür zunächst das meiste Fett von dem Rippenstück abschneiden. Mit einem scharfen Messer das Fleisch zwischen den Rippen 5 cm tief einschneiden und rund um die Rippenknochen dieses 5-cm-Stücks abschneiden. Die nun frei liegenden Rippenenden mit der Rückseite der Messerklinge sauber abschaben.

4 Das Olivenöl in einem großen Bräter bei mittlerer bis hoher Temperatur erhitzen. Das Rippenstück mit der Fleischseite nach unten einlegen und in 4–5 Minuten braun anbraten. Den Bräter in den Ofen schieben und das Fleisch etwa 7 Minuten braten. Herausnehmen, wenden und weitere 5–7 Minuten (blutig bis rosa) oder 8–10 Minuten (rosa) braten. Aus dem Ofen nehmen, mit Alufolie bedecken und 15 Minuten ruhen lassen.

5 Inzwischen die Butter in einer Pfanne bei starker Hitze zerlassen (aber nicht bräunen). Die Semmelbrösel darin 3–5 Minuten leicht rösten. In einer Schüssel mit der Petersilie, dem Majoran und Thymian vermischen, mit Salz und Pfeffer würzen. Falls nötig, jetzt die Bohnen bei mittlerer Hitze wieder erwärmen, dabei ab und zu rühren.

6 Das Lammfleisch mit Olivenöl bestreichen, mit der Brösel-Kräuter-Mischung bestreuen und fest andrücken. Das Karree zwischen den Rippen in einzelne Koteletts schneiden. Die Bohnen auf vorgewärmte Teller verteilen und je 2 Koteletts darauf anrichten. Sofort servieren.

Kredenzen Sie dazu einen körperreichen Long Island Merlot, etwa einen Beddell oder Lenz.

FÜR DIE BOHNEN

300 g frisch gepalte Bohnen, etwa Borlotti, Flageolet oder Cannellini, oder 150 g getrocknete Bohnenkerne

1 EL Olivenöl

½ kleine gelbe Zwiebel, ganz fein gehackt

2 Knoblauchzehen, 1 gehackt, 1 ganz belassen

1 l Hühnerbrühe, Gemüsebrühe oder Wasser

4 EL Butter, raumtemperiert

1 EL Rotweinessig

Meersalz, frisch gemahlener Pfeffer

FÜR DAS LAMM

1 kg Lammkarree mit 8 Koteletts

60 ml Olivenöl, plus mehr zum Bestreichen

2 EL Butter

30 g Semmelbrösel

1 EL gehackte frische glatte Petersilie

Je 1 TL gehackter frischer Majoran und Thymian

Für 4 Personen

SOFT-SHELLED CRABS WITH ROMESCO SAUCE

Softshell Crabs mit Romesco-Sauce

Jedes Jahr im späten Frühling freuen sich die Stammgäste des Union Square Café auf die ersten Softshell Crabs, *junge Blaukrabben aus den Gewässern entlang der Ostküste von New Jersey bis South Carolina. Die berühmtesten Exemplare stammen aus Maryland. Küchenchef Michael Romanos revolutionäres* comfort food *und die hervorragenden Servicestandards des Besitzers Danny Meyer bescheren dem Café im Zagat Survey seit 1997 das Prädikat »New Yorks beliebtestes Restaurant«. Romano serviert die Krabben mit cremiger Romesco-Sauce und grünem Saisonsalat.*

FÜR DIE SAUCE

60 g ganze Mandeln

250 g Mayonnaise

375 g Tomaten, enthäutet, Samen entfernt, fein gehackt

1 EL Tomatenmark

60 ml Rotweinessig, eventuell mehr

2 EL gehackte frische glatte Petersilie

2 Knoblauchzehen, ganz fein gehackt

1 Prise Cayennepfeffer, eventuell mehr

Meersalz

Frisch gemahlener schwarzer Pfeffer

FÜR DIE KRABBEN

8 *Softshell Crabs* (je 75–90 g)

60 g Mehl

Meersalz

Frisch gemahlener schwarzer Pfeffer

80 ml Olivenöl

Für 4 Personen

1 Für die Sauce den Backofen auf 180 °C vorheizen. Die Mandeln auf einem Backblech verteilen und im Ofen in etwa 10 Minuten goldbraun rösten. Auf einem Teller abkühlen lassen, dann grob hacken. In einer säurebeständigen Schüssel die Mandeln mit der Mayonnaise, den Tomaten, Tomatenmark, Rotweinessig, Petersilie, Knoblauch und Cayennepfeffer gut verrühren. Mit Salz und Pfeffer abschmecken. Falls nötig, noch etwas Essig und/oder Cayennepfeffer unterrühren. Bis zur Verwendung zugedeckt kalt stellen.

2 Die Backofentemperatur auf 120 °C reduzieren. Die Krabben kurz unter fließendem kaltem Wasser abspülen. Das nach unten geklappte Schwanzende – die »Schürze« – aufbiegen, mit der Schere abschneiden und wegwerfen. Mit einem kleinen Messer hinter Mund und Augen einen kleinen Einschnitt machen und die Augen mit dem Messer entfernen. Darauf achten, nicht den gesamten Kopf abzuschneiden. Den Körper der Krabben leicht zusammendrücken und die Eingeweide hinter der Mundöffnung mit der Messerspitze herauskratzen. Die seitlichen Spitzen der Oberschale anheben und die darunterliegenden weichen weißlichen Kiemen entfernen.

3 Auf einem großen Teller das Mehl mit 1/2 Teelöffel Salz und 1/8 Teelöffel Pfeffer vermischen. Die Krabben in der Mehlmischung wenden, überschüssiges Mehl abklopfen. Auf einem Teller beiseite stellen.

4 In einer großen Pfanne das Olivenöl bei mittlerer bis hoher Temperatur erhitzen, bis es gerade zu rauchen beginnt. 4 Krabben mit der Oberseite nach unten in die Pfanne legen und in 3–4 Minuten rötlich braun braten. Mit einer Küchenzange wenden und von der anderen Seite ebenfalls 3–4 Minuten braten. Eine Auflaufform mit Küchenpapier auslegen, die Krabben hineingeben und im Ofen warm halten, bis alle Krabben fertig sind.

5 Die Krabben auf Teller verteilen und sofort servieren. Die Romesco-Sauce als Dip reichen.

Dazu einen frischen Pinot Grigio servieren, etwa von Millbrook aus dem Hudson River Valley.

SKATE WITH MUSTARD BUTTER

Rochenflügel mit Senfbutter

Der Rochen ist ein Salzwasserfisch, der im Atlantik und Pazifik gefangen wird. Man verzehrt seine Flossen, als »Flügel« bezeichnet, deren süßlicher Geschmack an Kammmuscheln erinnert. Während Rochen in Europa seit langem gegessen wird, findet man ihn erst seit einigen Jahren auf den Speisekarten besonders kreativer New Yorker Restaurants wie dem Le Bernardin, WD-50 und The Harrison. Diese Variante wird im Blue Ribbon in Soho seit seiner Eröffnung Anfang der 1990er serviert.

2 Scheiben weißes Landbrot, in etwa 5 mm große Würfel geschnitten

1 EL Olivenöl

100 g kleine Würfel von durchwachsenem Speck

2 fest kochende Kartoffeln, gekocht, gepellt und sehr klein gewürfelt

16 Garnelen, geschält, Darm entfernt, quer in je 3 Stücke geschnitten

15 g frische glatte Petersilie

Meersalz

Frisch gemahlener schwarzer Pfeffer

6 EL Butter

2½ EL Dijonsenf

150 g Mehl

4 ausgelöste Rochenflügelfilets (je 150–200 g)

Für 4 Personen

1 Den Backofen auf 135 °C vorheizen. Die Brotwürfel auf einem Backblech mit Olivenöl beträufeln, vermischen und gleichmäßig verteilen. In 7–8 Minuten goldgelb und knusprig backen, dabei ab und zu durchmischen. Beiseite stellen.

2 In einer großen Pfanne die Speckwürfel bei mittlerer bis starker Hitze in 5 Minuten knusprig braten. Die Kartoffeln etwa 8 Minuten mitbraten, bis sie goldgelb und weich sind. Ab und zu wenden. Garnelen und Petersilie untermischen und weitere 3 Minuten braten, bis die Garnelen rosa werden. Salzen und pfeffern, beiseite stellen.

3 In einer kleinen Pfanne 4 Esslöffel Butter zerlassen und in etwa 3 Minuten leicht bräunen. Den Senf mit dem Schneebesen unterrühren, bis alles schön heiß ist. Beiseite stellen.

4 Das Mehl auf einem Teller ausbreiten. Die restlichen 2 Esslöffel Butter in einer Antihaftpfanne bei mittlerer Hitze zerlassen. Die Rochenflügelfilets abspülen und mit Küchenpapier trockentupfen. Auf beiden Seiten salzen und pfeffern, in dem Mehl wenden, überschüssiges Mehl abklopfen. In der Butter von beiden Seiten in je etwa 3 Minuten goldbraun braten.

5 Die Speck-Kartoffel-Mischung auf vorgewärmte Teller verteilen. Die Rochenflügelfilets darauf anrichten und mit der Senfbutter beträufeln. Darüber die Brotwürfel streuen. Sofort servieren.

Dazu einen fruchtigen Chardonnay reichen.

Essen bei Nacht

New York ist in der Nacht ebenso lebendig wie am Tag. Nach Theater, Clubbesuch oder Vernissage gehen die New Yorker mit Vorliebe in eines der vielen Cafés oder Restaurants und erwarten dort nicht nur offene Türen, sondern auch vielfältige Speisekarten. In Greenwich Village etwa stehen die Kunden von Joe's Pizza bis zum frühen Morgen Schlange. Manche Lokale haben sogar die ganze Nacht geöffnet, etwa das Florent, eine echte Institution im Meatpacking District, das außer von fünf bis sechs Uhr morgens rund um die Uhr Bistrogerichte serviert. In East Village wiederum serviert das Veselka, ein ukrainisches Lokal, vierundzwanzig Stunden am Tag seinen Borschtsch.

Die Grande Dame unter den Nachtlokalen bleibt jedoch das Blue Ribbon in Soho, in dem sich Restaurantangestellte und große Chefköche gern nach der Arbeit einfinden. Bruce und Eric Brombergs Speisekarte bietet eine bunte Auswahl beliebter Vorspeisen, vor allem Matzenbällchensuppe, Austern oder Brathähnchen. Nicht selten müssen die Gäste auch nach Mitternacht noch bis zu einer Stunde warten.

BAKED ZITI WITH SAUSAGE, EGGPLANT, AND PEAS

Gebackene Ziti mit Gemüse-Fleisch-Sauce

Gebackene Ziti gehören zu New Yorks italoamerikanischer Kultur einfach dazu. Ursprünglich stammt das Gericht aus Sizilien, wo man spaghettilange Ziti für Timballo *in kleine Stücke bricht. In den Familien wird die Pasta als Sonntagsessen oder zu besonderen Gelegenheiten serviert. In der Arthur Avenue in der Bronx stehen gebackene Ziti bei fast allen Restaurants auf der Speisekarte.*

1 große Aubergine, in 1 cm große Würfel geschnitten

Meersalz

60 ml Olivenöl, plus mehr zum Braten

1 gelbe Zwiebel, gewürfelt

1 Stange Bleichsellerie, gewürfelt

1 Möhre, geschält und gewürfelt

4 Knoblauchzehen, ganz fein gehackt

250 g milde italienische Schweinsbratwurst, enthäutet, das Brät zerkrümelt

250 g Hackfleisch vom Kalb

250 g Hackfleisch vom Rind

250 ml trockener Rotwein

2 EL Tomatenmark

Frisch gemahlener schwarzer Pfeffer

750 ml passierte Tomaten

2 EL Zucker

185 g feine Tiefkühlerbsen

500 g Ziti

125 g Mozzarella, in etwa 5 mm große Würfel geschnitten

125 g frisch geriebener Parmesan, plus mehr zum Servieren

Für 8 Personen

1 Die Auberginenwürfel in einem Sieb (über einer Schüssel) kräftig mit Salz bestreuen, vermischen und 30 Minuten abtropfen lassen. Unter fließendem kaltem Wasser abspülen und mit Küchenpapier trockentupfen.

2 In einem großen Topf das Olivenöl bei mittlerer Temperatur erhitzen. Die Zwiebel darin in 5 Minuten glasig schwitzen. Sellerie und Möhre etwa 10 Minuten mitschwitzen, bis sie weich sind. Den Knoblauch einrühren, bis er nach weiteren 2 Minuten duftet. Das Wurstbrät und das gesamte Hackfleisch hinzufügen, zerdrücken und braten, bis es nach etwa 5 Minuten krümelig zerfällt. Den Rotwein dazugießen und in 3–4 Minuten den Alkohol verkochen lassen. Das Tomatenmark unterrühren, salzen und pfeffern. Die passierten Tomaten und den Zucker einrühren. Bei schwacher Hitze in etwa 30 Minuten einkochen lassen.

3 Inzwischen eine große Pfanne 2,5 cm hoch mit Olivenöl füllen. Bei mittlerer bis hoher Temperatur erhitzen, bis das Öl fast raucht. Portionsweise die Auberginenwürfel in 8–10 Minuten rundum goldgelb frittieren, dabei ein- bis zweimal wenden. Mit einem Schaumlöffel herausheben und auf Küchenpapier abtropfen lassen.

4 Von der Fleischsauce 250 Milliliter beiseite stellen. Die Erbsen und Auberginenwürfel unter die übrige Sauce mischen und bei mittlerer Hitze 5–10 Minuten köcheln lassen, bis die Erbsen gerade weich sind.

5 Den Backofen auf 190 °C vorheizen. Eine Auflaufform (23 × 33 cm) oder 8 einzelne Förmchen leicht einfetten.

6 In einem großen Topf reichlich Wasser aufkochen, kräftig salzen, die Ziti hineingeben und in 10–12 Minuten bissfest garen. Abseihen, dabei 500 Milliliter von dem Kochwasser auffangen und beiseite stellen. Die Ziti und 125 Milliliter von dem Kochwasser in den Topf zur Sauce geben und gründlich vermischen. Kleben die Nudeln zusammen, weiteres Nudelwasser hinzufügen. Zwei Drittel des Mozzarellas zügig untermischen, in die vorbereitete Form oder die einzelnen Förmchen füllen. Mit den Händen festdrücken. Den restlichen Mozzarella darüber verteilen, mit dem Parmesan bestreuen.

7 Im heißen Ofen etwa 25 Minuten (die Förmchen nur 20 Minuten) backen, bis der Käse geschmolzen und die Oberfläche gebräunt ist. Aus dem Ofen nehmen, 5 Minuten ruhen lassen, auf Tellern anrichten. Falls nötig, die beiseite gestellte Sauce erwärmen und auf die einzelnen Portionen schöpfen. Weiteren geriebenen Parmesan auf den Tisch stellen.

Mit einem pfeffrig-würzigen Rotwein servieren, etwa einem Long Island Syrah.

Serving The Village For Over 100 Years
Faicco's
Finest Sausage and Italian Specialties
Internationally Known
Faicco's ITALIAN SPECIALTIES

BURGERS WITH ONION JAM

Hamburger mit Zwiebelconfit

New Yorker Burger-Fans debattieren seit langem über ihre bevorzugten Hamburger, die schon einmal so teuer wie ein Steak sein können. Die erste exklusive Variante war der »21 Burger«, der in den 1980ern im berühmten »21« Club in Midtown 21 Dollar kostete. Dieser Rekord wurde gebrochen, als das Old Homestead Steak House einen Hamburger mit japanischem Kobe-Beef für 41 Dollar verkaufte. 2001 gewann Daniel Bouluds DB Bistro Moderne den viel beachteten »Hamburger-Krieg« mit dem extravaganten DB Burger Royale aus Rinderlende mit einer Füllung aus foie gras *und schwarzer Trüffel.*

1 Die Butter für das Zwiebelconfit in einer großen Pfanne bei mittlerer Hitze mit dem Olivenöl zerlassen. Die Zwiebeln darin unter gelegentlichem Rühren in 10–15 Minuten weich und glasig schwitzen. Falls nötig, die Hitze reduzieren, damit sie nicht bräunen. Die beiden Essigsorten, Zucker, 1 Teelöffel Salz, $^1/_2$ Teelöffel Pfeffer und 60 Milliliter Wasser einrühren. Bei schwacher Hitze 15–20 Minuten köcheln und zu einer sämigen, fast marmeladenartigen Konsistenz einkochen lassen. Falls die Zwiebeln am Pfannenboden haften, weiteres Wasser hinzugießen. Mit Salz und Pfeffer abschmecken. Beiseite stellen.

2 Für die Hamburger in einem Grill Holzkohleglut entfachen, einen Gasgrill vorbereiten oder den Backofengrill vorheizen. In einer Schüssel das Hackfleisch mit den Eigelben, Frühlingszwiebeln, 1 Teelöffel Salz und $^1/_4$ Teelöffel Pfeffer mit angefeuchteten Händen gründlich vermischen. Zu 4 Hamburgern von 2,5 cm Dicke formen. Auf den Grillrost legen oder unter den Backofengrill schieben und von beiden Seiten je 4 Minuten (blutig bis rosa), $4^1/_2$ Minuten (rosa) oder 5 Minuten (durchgebraten) grillen.

3 Während die Hamburger grillen, in einer kleinen Schüssel die Mayonnaise mit dem Meerrettich verrühren und 4 Brotscheiben damit bestreichen. Den Senf auf die übrigen Scheiben streichen und mit der Leberpastete (falls verwendet) belegen.

4 Die Hamburger auf die Brotscheiben mit dem Senf und der Pastete legen. Darauf das Zwiebelconfit verteilen und mit einigen Pickles sowie einem Salatblatt belegen. Die Brotscheiben mit der Meerrettichmayonnaise darauflegen und servieren.

Dazu einen körperreichen Rotwein servieren, etwa einen Verschnitt aus Cabernet Sauvignon und Cabernet Franc.

FÜR DAS ZWIEBELCONFIT

2 EL Butter

2 EL Olivenöl

2 süße Zwiebeln, in dünne Halbringe geschnitten

Je 60 ml Apfel- und Balsamessig

100 g hellbrauner Zucker

Meersalz

Frisch gemahlener Pfeffer

FÜR DIE HAMBURGER

750 g Hackfleisch vom Rind

2 Eigelbe

3 Frühlingszwiebeln, nur die weißen Teile ganz fein gehackt

Meersalz

Frisch gemahlener Pfeffer

3 EL Mayonnaise

2 EL geriebener Meerrettich

8 Scheiben knuspriges italienisches Weißbrot (je etwa 1 cm dick), geröstet

Dijonsenf

125 g Enten- oder Gänseleberpastete (nach Belieben)

Verschiedene Pickles und 4 Kopfsalatblätter

Für 4 Personen

MISO-MARINATED BLACK COD

Kohlenfisch in Miso-Marinade

Als das Nobu Restaurant 1995 in Tribeca eröffnet wurde, kamen die New Yorker in Scharen – unter anderem wegen des viel gerühmten Küchenchefs Nobu Matsuhisa und seiner prominenten Partner, Tribeca-Bewohner Robert DeNiro und Drew Nieporent. Doch Gesprächsthema Nummer eins war der Kohlenfisch. Das Filet wurde auf einem Teller ganz ohne Beilagen serviert und überzeugte allein durch das karamellisierte Äußere und das glänzende weiße Fleisch im Innern. Etwas derart Einfaches konnte so gut schmecken. Ein ähnliches Gericht wird heute in vielen Restaurants der Stadt serviert.

125 ml *Mirin* (siehe Glossar)
80 ml *Sake* (siehe Glossar)
250 g weißes *Miso* (siehe Glossar)
125 g Zucker

4 Kohlenfischfilets (je etwa 200 g)

Für 4 Personen

1 Für die Marinade *Mirin* und *Sake* in einem Topf bei mittlerer Hitze etwa 1 Minute köcheln lassen, sodass der Alkohol verdampft. *Miso* und Zucker mit einem Holzlöffel einrühren. Aufkochen und unter ständigem Rühren etwa 3 Minuten köcheln lassen, bis sich der Zucker gelöst hat. Beiseite stellen und abkühlen lassen.

2 Die Fischfilets unter fließendem kaltem Wasser abspülen und mit Küchenpapier trockentupfen. In einem luftdicht verschließbaren Behälter 3 Esslöffel der Marinade kalt stellen. Die Hälfte der restlichen Marinade in eine flache, säurebeständige Schüssel gießen, in der die Filets nebeneinander Platz haben. Den Fisch einlegen und mit der restlichen Marinade begießen. Zugedeckt für mindestens 2 oder bis zu 3 Tage in den Kühlschrank stellen.

3 Den Backofengrill vorheizen. Die kalt gestellte Marinade aus dem Kühlschrank nehmen und Raumtemperatur annehmen lassen.

4 Die Fischfilets aus der Marinade nehmen und mit Küchenpapier abtupfen. Die Marinade weggießen. Die Filets nebeneinander so auf ein Backblech legen, dass sie sich nicht berühren. 20 cm von der Hitzequelle entfernt in den Backofen schieben und etwa 10 Minuten grillen, bis die Filets karamellisiert und goldbraun sind. Die Filets wenden und weitere 3–5 Minuten grillen. Das Fleisch soll sich mit einer Gabel blättrig voneinander trennen lassen.

5 Die Filets auf vorgewärmten Tellern anrichten, mit der zurückbehaltenen Marinade beträufeln und sofort servieren.

Mit einem körperreichen würzigen Viognier servieren, etwa einem Casa Larga Viognier von Finger Lakes.

SIDE DISHES

Das Beilagengemüse stammt aus dem Hudson River Valley oder von

Long Island, aber gewürzt wird es mit Aromen aus der ganzen Welt.

Die New Yorker lieben den Wechsel der vier Jahreszeiten, und besonders deutlich wird dieser Ablauf von einer Saison zur nächsten bei den Beilagen. Das Angebot verschiedener Gemüse folgt dem Jahresrhythmus: Mangold im Frühjahr, Mais im Sommer, Rosenkohl im Herbst und Wurzelgemüse im Winter. Bei der Zubereitung profitiert man von den vielen internationalen Einflüssen in der Metropole. Blumenkohl erhält durch Kapern und Rosinen eine sizilianische Note, Kartoffel-Fenchel-Gratin erinnert an die französische Küche und Stängelkohl mit gebratenem Knoblauch an norditalienische Gaumenfreuden.

POTATO, FENNEL, AND THREE-CHEESE GRATIN

Kartoffel-Fenchel-Gratin mit dreierlei Käse

Die moderne New Yorker Restaurantszene geht auf die französische Küche im Le Pavillion zurück, dem einst wohl einflussreichsten Restaurant der Stadt. Le Pavillion und seine Nachfolger existieren nicht mehr. Doch eine neue Generation französischer Restaurants und Bistros beweist, dass die New Yorker der französischen Küche treu geblieben sind. Viele gehen immer noch gern ins Daniel, Le Bernardin, Chanterelle oder Jean Georges, andere bevorzugen Bistros wie Raoul's, Les Halles, Quatorze Bis, Balthazar oder Pastis. Das Gratin ist eine klassische Bistro-Beilage mit New Yorker Pfiff.

1 Den Backofen auf 180 °C vorheizen. In einem Topf mit schwerem Boden Sahne und Brühe mit der Butter, dem Knoblauch, Lorbeerblatt, den Thymianzweigen, Chiliflocken, der Muskatnuss, 2 Teelöffeln Salz und ½ Teelöffel schwarzem Pfeffer bei mittlerer Hitze aufkochen. Bei schwacher Hitze etwa 15 Minuten köcheln lassen, sodass sich die Aromen verbinden.

2 Inzwischen die Kartoffeln mit einem Gemüsehobel oder einem scharfen Messer in ganz dünne Scheiben schneiden. Stiele und Grün von den Fenchelknollen abschneiden und wegwerfen. Ist die äußere Schicht sehr hart, diese ebenfalls entfernen. Dunkle Stellen herausschneiden. Die Knollen längs vierteln, das harte untere Ende wegschneiden. Die Viertel längs in etwa 5 mm breite Streifen schneiden. In einer kleinen Schüssel Parmesan, Greyerzer und Fontina gründlich vermischen.

3 Ein Viertel der Kartoffelscheiben in einer Gratin- oder Auflaufform (10 x 30 cm) verteilen. Gleichmäßig mit 60 Gramm der Käsemischung bestreuen und ein Drittel der Fenchelstreifen darüberschichten. Diesen Vorgang noch zweimal wiederholen. Mit einer Schicht Kartoffeln abschließen. Die Sahnemischung durch ein Sieb über die Kartoffeln gießen. Gleichmäßig mit dem restlichen Käse bestreuen.

4 Die Form mit Alufolie bedecken und diese fest andrücken. Das Gratin 1 Stunde im Ofen backen. Herausnehmen, die Folie entfernen und noch etwa 30 Minuten offen backen, bis die Kartoffeln weich und die Oberfläche goldbraun ist. Aus dem Ofen nehmen und vor dem Servieren 10–15 Minuten stehen lassen.

250 ml Sahne

400 ml Hühnerbrühe

3 EL Butter

2 Knoblauchzehen, zerdrückt

1 Lorbeerblatt

2 Zweige frischer Thymian

1 Prise Chiliflocken

1 Prise frisch geriebene Muskatnuss

Meersalz

Frisch gemahlener schwarzer Pfeffer

1 kg fest kochende Kartoffeln, geschält

2 Fenchelknollen (insgesamt etwa 500 g)

50 g frisch geriebener Parmesan

100 g grob geriebener Greyerzer

100 g grob geriebener Fontina

Für 8 Personen

CREAMED SWISS CHARD

Rahmmangold

Ein Reiz der New Yorker Küche besteht in dem großen Repertoire klassischer Gerichte, die stets leicht abgewandelt werden. Mangold, ein etwas herzhafteres Blattgemüse als Spinat, lässt sich braten oder schmoren, aber auch wie Rahmspinat zubereiten. Im Del Frisco's Double Eagle Steak House, das der ehemalige New Yorker Bürgermeister Rudolph Giuliani sehr schätzt, wird der Mangold mit Schalotten und Knoblauch sautiert. Sahne sorgt für einen milderen Geschmack und eine angenehme Konsistenz. So passt Mangold wunderbar zu Ente, Huhn, Lamm oder Steak.

2 kg Mangold

4 EL Butter

2 Knoblauchzehen, zerdrückt

1 Schalotte, ganz fein gehackt

60 ml Sahne

Meersalz

Frisch gemahlener schwarzer Pfeffer

Für 4 Personen

1 Die Stiele vom Mangold abschneiden und wegwerfen. Die Mittelrippe der Blätter herausschneiden. Die Blätter mit 250 Milliliter Wasser in einen großen Topf füllen und zugedeckt bei starker Hitze aufkochen. Bei mittlerer Hitze in 5–7 Minuten weich garen. Abgießen, gut abtropfen lassen. Den Mangold auf einem Schneidbrett grob hacken.

2 In demselben Topf die Butter zerlassen. Knoblauch und Schalotten darin in etwa 2 Minuten weich schwitzen. Mangold und Sahne hinzufügen und bei mittlerer Hitze zum Köcheln bringen. Die Hitze reduzieren und etwa 5 Minuten köcheln lassen, bis der Mangold die Sahne aufgenommen hat. Mit Salz und Pfeffer abschmecken und sofort servieren.

GREEN CHEESE
Miller
J.W. 'BILL' VON HERBULIS
SHIPPING TYCOON, GOURMET, PALMIST, and CHARTER MEMBER of TABLE SEVEN
HAVILAND
HOW SWEET IT IS!
SO WE GAVE THE RUDDY BRITISH A LESSON JUST BY KEEPING OUR BLINKIN' EYE ON THEIR WICKED WICKETS!
PRACTICES RUGGED SPORTS
LIARS' POKER & GOLF
MATCH GAME ETC
(SEE BELOW)
ENYA GONZALEZ
HI-YAH, GANZ!!
STICKY WICKET
Jackie Gleas
IS NO "POOR SO WHEN HE DINES A THE PALM...
1 Million Gallons
3-30

MAPLE-CARAMELIZED ROOT VEGETABLES

Im Ofen karamellisiertes Wurzelgemüse

New York State ist der weltweit viertgrößte Ahornsirupproduzent. Im Winter werden auf den Bauernmärkten von New York Ahornsirup und Anhornkandis verkauft. Die Küchenchefs verwenden sie zum Süßen und Aromatisieren vieler Zubereitungen, von Marinaden bis zu Eiscreme. Die Paffenroth Farm nördlich von New York City wiederum ist für ihr breites Angebot an ungewöhnlichem Wurzelgemüse bekannt: rotschalige Kartoffeln, Rote Bete mit weißen Knollen, schwarze Radieschen, weiße und rötliche Möhren und Karotten.

1 Den Backofen auf 200 °C vorheizen. Das Wurzelgemüse schälen. Lange, schlanke Sorten wie Möhren und Pastinaken diagonal in 5 cm lange Stücke schneiden. Kohlrüben und andere runde Gemüse in 5 cm große Stücke schneiden. Auf einem Backblech mit Rand ausbreiten, mit dem Olivenöl und Ahornsirup beträufeln und mit Salz und Pfeffer bestreuen. Vermischen, gleichmäßig auf dem Blech verteilen und mit den Butterflöckchen belegen.

2 Das Gemüse etwa 30 Minuten im Ofen braten, bis es weich und goldbraun ist. Dabei ab und zu durchmischen. In eine vorgewärmte Schüssel füllen und sofort servieren.

750 g verschiedenes Wurzelgemüse wie Möhren, Pastinaken, weiße und gelbe Kohlrüben, Süßkartoffeln und/oder Hafer- oder Schwarzwurzeln

60 ml natives Olivenöl extra

60 ml Ahornsirup

Meersalz

Frisch gemahlener schwarzer Pfeffer

2 EL Butter, in Flöckchen

Für 4 Personen

Das Hudson River Valley

Das Hudson River Valley ist ein Tal von dramatischer Schönheit mit fruchtbarem Land. Schon im 17. Jahrhundert ließen sich hier viele neu eingewanderte Farmer nieder, die lange Zeit gute Erträge erzielten. Doch gegen die kommerzielle Landwirtschaft der Neuzeit konnten sich die kleinen Farmen nur schwer behaupten. Zwischen 1996 und 2001 verlor Dutchess County im Valley fast die Hälfte seiner Apfelplantagen.

Ein Wandel zum Positiven setzte mit der wachsenden Begeisterung New Yorker Küchenchefs für regionale Produkte ein. Auch interessierte sich die New Yorker Bevölkerung zunehmend für die Produkte aus dem Valley. Die kleinen Farmen entdeckten ihre Nischen und konnten so überleben. Die Ronnybrook Farm Dairy etwa stellte ihre Produktion auf Milch in Glasflaschen um. Auf den Märkten lernten die Farmer die Wünsche ihrer Kunden kennen und vergrößerten ihr Angebot um neue Sorten. Andere schlossen sich zu Kooperationen zusammen, die ihre Produkte an einige der besten New Yorker Restaurants verkaufen.

ZUCCHINI WITH TOASTED ALMONDS AND PECORINO ROMANO

Zucchini mit Mandeln und Pecorino

Die New Yorker Chefköche suchen in der ganzen Welt nach Ideen für neue Gerichte. Jimmy Bradley, Küchenchef und Mitbesitzer von The Red Cat, The Harrison und The Mermaid Inn, wuchs in einer italoamerikanischen Familie auf, in der stets gern gegessen wurde. Die Anregung zu diesem Gericht bekam er in einem kleinen Restaurant im jüdischen Viertel in Rom.

6 mittelgroße Zucchini (insgesamt etwa 750 g)
60 ml natives Olivenöl extra
30 g Mandelblättchen
Meersalz
Frisch gemahlener schwarzer Pfeffer
Ein Stück Pecorino romano

Für 4 Personen

1 Die Zucchini von den Enden befreien und längs in 3 mm dicke Scheiben schneiden. Die Scheiben jeweils in 3 mm breite und 5 cm lange Stifte schneiden.

2 Am besten bereiten Sie die Zucchini in 2 Pfannen zu und halbieren die Zutaten entsprechend. Das Olivenöl in die Pfannen gießen und stark erhitzen. Die Mandelblättchen darin in etwa 2 Minuten goldbraun rösten. Dabei mit einem Pfannenwender rühren. Die Zucchini hinzufügen und den Herd ausschalten. Die Zucchini gründlich untermischen, bis sie nach etwa 30 Sekunden vollständig vom Öl überzogen sind. Mit Salz und Pfeffer würzen.

3 Die Zucchini auf vorgewärmten Tellern anrichten oder auf eine kleine Servierplatte häufen. Mit einem Sparschäler oder Käsehobel dünne Späne von dem Pecorino über die Zucchini hobeln. Das Gemüse sofort servieren – etwa als Beilage zu Grillsteaks oder auch als Vorspeise.

CAFFE NA
Caffe Napoli Ristorante Da Luigi

BROCCOLI RABE WITH ROASTED GARLIC

Stängelkohl mit gebratenem Knoblauch

Große Brokkolirosetten, mit viel Öl und Knoblauch gebraten, gehören zu den beliebten Beilagen der klassischen italienischen Restaurants in Manhattan und anderen Vierteln in New York. Mit dem breiteren Spektrum regionaler italienischer Spezialitäten, das neue Restaurants heute anbieten, nimmt aber auch die Beliebtheit des in Norditalien geschätzten Stängelkohls zu. Gegessen werden Stängel, Blätter und die kleinen Blütenstände. Der angenehm bittere Stängelkohl mit süßem gebratenem Knoblauch passt gut zu Schweinebraten, Grillsteak und Pasta.

1 Für den Knoblauch den Backofen auf 180 °C vorheizen. Die Knoblauchknolle in Zehen trennen. Aus Alufolie 2 Quadrate mit 15 cm Kantenlänge zuschneiden und aufeinander legen. Die Knoblauchzehen in die Mitte der Alufolie legen, mit Olivenöl beträufeln und mit Salz und Pfeffer bestreuen. Die Ecken der Folie über dem Knoblauch zusammenfalten und zu einem festen Päckchen verschließen. Im Ofen 30–40 Minuten braten, bis der Knoblauch weich und cremig ist. Leicht abkühlen lassen. Die Knoblauchzehen auspacken, aus der Schale drücken, die Schalen wegwerfen.

2 Die harten Enden vom Stängelkohl abschneiden. Den Stängelkohl in einem großen Topf mit 125 Milliliter Wasser bedecken. Zugedeckt bei starker Hitze zum Kochen bringen. Bei mittlerer bis schwacher Hitze etwa 5 Minuten dünsten, bis er weich und leuchtend grün ist. Abgießen, etwas abkühlen lassen und anschließend in 2,5 cm lange Stücke schneiden.

3 In einer großen Pfanne das Olivenöl bei mittlerer Temperatur erhitzen. Die Chiliflocken und den Knoblauch sowie das in der Alufolie verbliebene Öl hinzufügen und 3–4 Minuten braten, um das Öl zu aromatisieren. Den Stängelkohl untermischen und 3 Minuten mitbraten, bis er durch und durch warm ist. Mit Salz und Pfeffer abschmecken und servieren.

FÜR DEN KNOBLAUCH

1 Knoblauchknolle

2 EL natives Olivenöl extra

Meersalz

Frisch gemahlener schwarzer Pfeffer

1,5 kg Stängelkohl

60 ml Olivenöl

1 Prise Chiliflocken

Für 6 Personen

BRUSSELS SPROUTS WITH BACON VINAIGRETTE

Rosenkohl mit Speck-Vinaigrette

Wenn im Herbst im New Yorker Umland der erste Frost kommt, ersetzen Blumenkohl, Weißkohl, Brokkoli, Blattgemüse und Rosenkohl in vielen Restaurants der Stadt Gerichte mit Sommergemüse wie Tomaten oder Mais. Vor allem der Rosenkohl entfaltet in ebenso einfachen wie raffinierten Zubereitungen sein wunderbar nussartiges Aroma. In Mario Batalis Tapas-Restaurant Casa Mono wird er auf dem Grill gegart und mit Zitrone und Thymian gewürzt. Aber auch herzhaftere Aromen wie Speck und Balsamico harmonieren bestens mit Rosenkohl.

6 dünne Scheiben durchwachsener Räucherspeck

750 g Rosenkohl

2 EL Butter

FÜR DIE VINAIGRETTE

2 EL weißer oder dunkler Balsamessig

½ TL Dijonsenf

1 Knoblauchzehe, ganz fein gehackt

1 TL gehackter frischer Thymian

125 ml natives Olivenöl extra

Meersalz

Frisch gemahlener schwarzer Pfeffer

Für 6 Personen

1 In einer Pfanne die Speckscheiben bei mittlerer Hitze in 7–8 Minuten knusprig braten. Dabei ab und zu wenden. Auf Küchenpapier abtropfen lassen.

2 Inzwischen die Vinaigrette zubereiten. Dafür in einer kleinen Schüssel den Essig mit dem Senf, Knoblauch und Thymian verrühren. Unter ständigem Rühren das Olivenöl in dünnem Strahl hinzugießen. Mit Salz und Pfeffer abschmecken.

3 Die äußeren Blättchen des Rosenkohls entfernen und welke oder beschädigte Blätter wegwerfen. Mit einem kleinen, scharfen Messer die übrigen Blättchen ablösen. In einem großen Topf die Butter bei mittlerer Hitze zerlassen. Die Blättchen und 125 Milliliter Wasser hinzufügen und zugedeckt bei starker Hitze aufkochen. Die Hitze auf mittlere bis schwache Stufe reduzieren und die Blättchen 7 Minuten dünsten, bis sie weich und leuchtend grün sind. Fall nötig, weiteres Wasser hinzugießen. Abgießen und in eine Servierschüssel füllen.

4 Den Speck zerkrümeln und unter die Vinaigrette rühren. Über den Rosenkohl träufeln und untermischen. Mit Salz und Pfeffer abschmecken und sofort servieren – als Vorspeise oder Beilage.

LONG ISLAND SUCCOTASH SALAD

Mais-Bohnen-Salat mit neuen Kartoffeln

Dieser Salat ist ein Tribut an jene kurze Zeit im Spätsommer, in der man auf den Märkten frische Bohnen zum Palen in rauen Mengen bekommt und saftige Maiskolben sich an den Ständen stapeln. Auch die neuen Kartoffeln sind dann so frisch, dass sie ganz schnell garen. An manchen Ständen wird der Gemüsemais gebraten, wie in diesem Rezept, was ihm Biss verleiht und den süßen Geschmack verstärkt. Diese moderne Variante von »Succotash« gibt es in vielen Imbissecken teurer und vornehmer Lebensmittelläden in den Hamptons.

1 Den Backofen auf 200 °C vorheizen. Die Maiskörner auf einem Backblech mit 2 Esslöffeln Olivenöl beträufeln und mit Salz und Pfeffer würzen. Vermischen und gleichmäßig auf dem Blech verteilen. Im Ofen etwa 15 Minuten braten, bis der Mais goldbraun und leicht runzelig ist.

2 Für die Dicken Bohnen (falls verwendet) einen Topf zu drei Vierteln mit Wasser füllen. Aufkochen, die Bohnen 1 Minute blanchieren. Abgießen, unter fließendem kaltem Wasser abschrecken. Die Bohnen mit der Messerspitze anritzen und aus der Haut drücken. Beiseite stellen.

3 In einer großen Pfanne die restlichen 4 Esslöffel Öl mit 125 Milliliter Wasser bei mittlerer Temperatur erhitzen. Die Kartoffeln hineingeben, salzen und pfeffern. Zugedeckt zum Köcheln bringen und in 10–20 Minuten weich garen, bis das Wasser verdampft ist. Die Garzeit variiert je nach Größe und Frische der Kartoffeln. Falls nötig, während des Garens noch etwas Wasser hinzugießen. Ohne Deckel die Kartoffeln im verbliebenen Öl im Topf schwenken und in etwa 5 Minuten goldgelb werden lassen.

4 Für die Vinaigrette in einer kleinen Schüssel den Essig mit dem Senf und Honig verrühren. Das Olivenöl unterrühren, mit Salz und Pfeffer abschmecken.

5 Mais, Bohnen, Kartoffeln, Zwiebel, Petersilie und Thymian in eine große Schüssel füllen, mit der Vinaigrette beträufeln und vorsichtig vermischen. Den Salat sofort servieren.

FÜR DEN SALAT

6 frische Maiskolben, die Körner abgelöst

6 EL Olivenöl

Meersalz

Frisch gemahlener schwarzer Pfeffer

300 g frisch gepalte Dicke Bohnen oder Limabohnen

500 g kleine, fest kochende neue Kartoffeln, gründlich gewaschen und geviertelt

¼ rote Zwiebel, in ganz dünne Scheiben geschnitten

2 EL fein gehackte frische glatte Petersilie

2 TL gehackter frischer Thymian

FÜR DIE VINAIGRETTE

3 EL Rotweinessig

½ TL Dijonsenf

1 TL flüssiger Honig

80 ml natives Olivenöl extra

Meersalz

Frisch gemahlener schwarzer Pfeffer

Für 6–8 Personen

Weine von Long Island

Den Osten von Long Island kennt man vor allem wegen der Hamptons, Spielwiese der Reichen. Doch mittlerweile hat sich die Gegend auch zu einer viel versprechenden neuen Weinregion der USA entwickelt. Alex und Louisa Hargrave, Gründer der Hargrave Vineyards, leisteten Pionierarbeit, als sie 1975 auf Mais- und Kartoffelfeldern in Cutchogue, North Fork, den ersten Weingarten anlegten. Der sandige Boden und das Meerklima boten ideale Bedingungen für die Erzeugung ausgewogener, fruchtiger Weine. Heute wird auf Long Island, vor allem in North Fork, auf 1200 Hektar Land Wein angebaut, und über dreißig Weinkellereien erzeugen Merlots, Cabernet Sauvignons und Chardonnays von inzwischen nationaler Bedeutung.

David Page und Barbara Shinn, die Besitzer des Home, eines Restaurants in Greenwich Village, und Shinn Vineyards in North Fork, bieten ausschließlich Weine von der Ostküste an. Das Vintage New York, ein Weingeschäft in Soho, hat sich sogar nur auf Weine aus New York State spezialisiert, die man alle (immerhin zweihundert) vor Ort verkosten kann.

ROASTED CAULIFLOWER, SICILIAN STYLE

Im Ofen gebratener Blumenkohl sizilianisch

Vor 300 Jahren, lange bevor Southampton zur feinen Gegend mit großen Anwesen und teuren Landhäusern wurde, bauten Farmer hier vor allem Kartoffeln, Erdbeeren und Blumenkohl an. Heute ist New York State immer noch der drittgrößte Blumenkohlproduzent der USA, obwohl die Hauptanbaugebiete jetzt im Hudson River Valley und weiter nördlich liegen. Im Herbst und Winter bereiten die New Yorker Köche Blumenkohl auf ganz unterschiedliche Weise. Ob als Suppe oder Curry, gekocht oder gebraten, das vielseitige Gemüse wird in der ganzen Stadt serviert.

2 EL Kapern, vorzugsweise in Salz eingelegt

1 Kopf Blumenkohl (etwa 500 g), Strunk entfernt, in kleine Röschen zerteilt

75 g Sultaninen

60 ml natives Olivenöl extra

Meersalz

Frisch gemahlener schwarzer Pfeffer

2 EL fein gehackte frische glatte Petersilie

Für 4 Personen

1 Den Backofen auf 200 °C vorheizen. Werden Kapern in Salz verwendet, diese abspülen und mit Küchenpapier trockentupfen. Blumenkohlröschen, Sultaninen und Kapern auf einem Backblech mit Rand vermischen. Mit dem Olivenöl beträufeln, mit Salz und Pfeffer bestreuen und kräftig durchmischen. In einer Lage gleichmäßig auf dem Blech verteilen.

2 Den Blumenkohl 20–25 Minuten im Ofen braten, bis er goldbraun ist. Dabei ab und zu durchmischen. In eine Servierschüssel füllen, 1 Esslöffel Petersilie untermischen und die restliche Petersilie darüberwstreuen. Warm oder raumtemperiert servieren.

DESSERTS

Obstkuchen, Sorbets und Fruchteis sind beliebte Nachspeisen,

doch für viele New Yorker heißt das Dessert der Wahl Käsekuchen.

Die Basis vieler Desserts ist Obst. Aus Heidelbeeren bereitet man Sorbet und Eiscreme, die man mit goldenen Zuckerkeksen reicht. Süße Erdbeeren und säuerlicher Rhabarber werden mit knusprig-aromatischem Teig überbacken und mit Buttermilcheiscreme gekrönt. Im Herbst steht saftiger Apfelkuchen auf der Speisekarte, und die feinsten Restaurants servieren sowohl ländlichen Brotpudding als auch französische Spezialitäten wie Profiteroles. In den Konditoreien steht man für hübsch dekorierte Muffins an oder für das beliebteste Dessert der Stadt – New Yorker Käsekuchen.

JUNIORS
cocktails
Junior's RE

NEW YORK CHEESECAKE

New Yorker Käsekuchen

Käsekuchen bekommt man in jedem New Yorker Lokal und auch in einigen eleganten Restaurants wie dem Daniel oder Gramercy Tavern. Fragt man nach dem besten Kuchen, reduziert sich die Zahl aber auf einige wenige, etwa Lindy's Käsekuchen mit Zitrone oder Venieros Ricottakuchen sizilianischer Art, seit über einem Jahrhundert Spezialität der Bäckerei. Hier wird die Füllung von Junior's, einer geschätzten Konditorei in der Flatbush Avenue, mit einem Boden aus Butterkeksen kombiniert.

1 Den Backofen auf 165 °C vorheizen. Eine Springform (23 cm Durchmesser) großzügig mit Butter einfetten. In einer Schüssel die zerlassene Butter mit den Keksen und dem Zucker zu einer krümeligen Masse verarbeiten. In die Springform füllen und gleichmäßig am Boden sowie zu einem 4 cm hohen Rand festdrücken. 10 Minuten backen. In der Form auf einem Kuchengitter auskühlen lassen.

2 Den Frischkäse für die Füllung in einer großen Schüssel mit dem Handrührgerät in etwa 5 Minuten cremig rühren. In einer weiteren Schüssel Zucker und Mehl vermischen, zum Frischkäse geben und kräftig untermischen. Dabei ab und zu mit einem Gummispatel den Schüsselrand sauber schaben. Eier und Eigelb nacheinander einarbeiten. Zuletzt die Sahne und den Vanilleextrakt unterrühren. Die Masse auf dem vorgebackenen Boden verteilen.

3 Den Kuchen 80–90 Minuten backen, bis die Füllung fest ist, aber bei Bewegung in der Mitte noch leicht wabbelt. Nicht zu lange backen. Auf einem Kuchengitter in der Form auskühlen lassen. Mit Klarsichtfolie bedecken und für mindestens 4 Stunden oder über Nacht kalt stellen.

4 Den Springformrand entfernen und den Käsekuchen mit einem dünnen Messer in Stücke schneiden. Nach jedem Stück das Messer unter fließendes heißes Wasser halten und abtrocknen. Gekühlt servieren.

FÜR DEN BODEN

75 g Butter, zerlassen, plus mehr für die Form

120 g Vollkornbutterkekse, zerkrümelt

2 EL Zucker

FÜR DIE FÜLLUNG

1,25 kg Doppelrahmfrischkäse, raumtemperiert

500 g Zucker

60 g Mehl

2 große Eier, plus 1 großes Eigelb

250 ml Sahne

1 TL Vanilleextrakt

Ergibt 8–10 Stücke

Käsekuchen

Die vielen Varianten des klassischen New Yorker Käsekuchens reichen von Fruchtschnitten mit Kirschbelag in der Carnegie Deli und Cappuccino-Käsekuchen im Eileen's bis zu Abwandlungen mit Ziegenkäse und Früchten der Saison. Doch der klassische New Yorker Käsekuchen mit dem cremig-säuerlichen Geschmack übertrifft sie alle.

Die New Yorker geben bereitwillig zu, dass sie den Käsekuchen nicht erfunden haben. In Europa backt man schon seit Jahrhunderten viele Versionen von Käsekuchen. Der ganz spezielle *New York cheesecake* verdankt seine Entstehung der Entwicklung von *cream cheese.* Ende des 19. Jahrhunderts begann die Empire Cheese Company in New York, weichen, cremigen Frischkäse zu produzieren, den sie Philadelphia nannte. In der Folge eröffneten Joseph und Isaac Breakstone in der Lower East Side ein Molkereigeschäft, wo sie ab den 1920ern *Downsville Cream Cheese* verkauften.

Den neuen Käse verwendeten jüdische Bäcker schon bald für jenen berühmten cremigen Kuchen, den man heute in ganz New York bekommt.

HONEY-POACHED QUINCES WITH FRESH RICOTTA AND PISTACHIOS

Pochierte Quitten mit Ricotta und Pistazien

Die Locust Grove Farm gehört zu den wenigen Farmen, die auf den New Yorker Bauernmärkten noch Quitten verkaufen. Im Herbst verarbeiten die New Yorker Küchenchefs die Früchte in Galettes und Chutneys oder als Sirup. Werden sie pochiert, bekommen sie eine rosige Färbung. Für dieses einfache Dessert sollten Sie ganz frischen Ricotta verwenden, möglichst aus Schafmilch.

30 g geschälte ungesalzene Pistazienkerne

4 große Quitten (insgesamt etwa 1 kg)

375 g Lavendelhonig

1 TL ganze Gewürznelken

4 ganze Sternanis

1 Zimtstange

Schale von 1 unbehandelten Zitrone, in breiten Streifen abgeschält

250 g frischer Ricotta, vorzugsweise aus Schafmilch

Für 4 Personen

1 Den Backofen auf 180 °C vorheizen. Die Pistazien auf einem Backblech verteilen und etwa 10 Minuten im Ofen rösten, bis sie leicht gebräunt sind und duften. Auf einem Teller abkühlen lassen, anschließend grob hacken.

2 Die Quitten schälen, die Schale aufheben. Die Quitten vierteln, vom Kerngehäuse befreien und in einen großen Topf füllen. Honig, Gewürznelken, Sternanis, Zimtstange und 1 Liter Wasser hinzufügen. Quitten- und Zitronenschale in ein Stück Musselin (15 × 15 cm) binden und ebenfalls in den Topf geben. Bei mittlerer bis starker Hitze zum Köcheln bringen, auf schwache Hitze zurückschalten und die Quitten zugedeckt in 15–20 Minuten weich pochieren.

3 Das Musselinpäckchen mit den Fruchtschalen entfernen und wegwerfen. Die Quitten mit einem Schaumlöffel in eine Schüssel heben. Die Flüssigkeit im Topf bei starker Hitze in 5 Minuten um die Hälfte sirupartig einkochen, danach auf Raumtemperatur abkühlen lassen.

4 Den Ricotta in flache Dessertschalen verteilen. Je 4 Quittenviertel darauf anrichten. Mit der Pochierflüssigkeit beträufeln, mit den Pistazien garnieren und sofort servieren.

Dazu passt ein körperreicher Gewürztraminer, etwa ein Pindar Late Harvest von Long Island.

STRAWBERRY-RHUBARB CRISP WITH BUTTERMILK ICE CREAM

Erdbeer-Rhabarber-Kruste mit Buttermilcheis

Jeden April freuen sich die New Yorker über die ersten Frühlingsboten: Kirschblütenzweige, frischer Rhabarber – eingentlich ein Gemüse, wird aber fast ausschließlich wie Obst zubereitet – und wenige Wochen später schon die Erdbeeren. In diesem Dessert harmonieren süße Erdbeeren und säuerlicher Rhabarber bestens miteinander.

1 Für die Eiscreme die Sahne in einem Topf mit schwerem Boden bei mittlerer bis schwacher Hitze erwärmen. In einer Schüssel Eigelbe und Zucker schaumig rühren. Nach und nach die Hälfte der Sahne unterrühren und in den Topf zur restlichen Sahne gießen. Bei mittlerer bis schwacher Hitze unter ständigem Rühren in etwa 5 Minuten einköcheln lassen. Vom Herd nehmen. Butter und Salz einrühren, bis die Butter geschmolzen ist. Zuletzt die Buttermilch einrühren. Durch ein feines Sieb in eine Schüssel abseihen. Klarsichtfolie darauflegen, damit sich keine Haut bildet. Über Nacht kalt stellen.

2 Die gekühlte Eiercreme in der Eismaschine nach Herstellerangabe gefrieren lassen. Die fertige Eiscreme in einen geeigneten Behälter füllen und zugedeckt ins Tiefkühlfach stellen.

3 Den Backofen auf 180 °C vorheizen. Ein Backblech mit Backpapier oder Alufolie auslegen. Für den Teig in einer Schüssel 125 Gramm Mehl mit dem Zucker, den Haferflocken, Zimt und Gewürznelken vermischen. Die Butter mit den Fingern einarbeiten, bis eine Art Streusel entstehen.

4 In einer Auflaufform (23–25 cm Durchmesser) Rhabarber, Erdbeeren, Zucker und das restliche Mehl vermischen und verteilen. Die Streusel gleichmäßig darüberstreuen. Die Form auf das vorbereitete Backblech stellen. Im Ofen 40–50 Minuten backen, bis die Teigkruste goldgelb ist und die Früchte Blasen werfen. Leicht abkühlen lassen. Auf Desserttellern anrichten und mit dem Buttermilcheis servieren.

FÜR DIE EISCREME

250 ml Sahne

6 große Eigelbe

250 g Zucker

2 EL Butter, in Flöckchen

½ TL Meersalz

500 ml Buttermilch

FÜR DEN TEIG

150 g Mehl

200 g hellbrauner Zucker

90 g Haferflocken

½ TL gemahlener Zimt

1 Prise gemahlene Gewürznelken

185 g Butter, in Flöckchen

1 kg Rhabarber, bei Bedarf geschält, quer in 2 cm breite Stücke geschnitten

500 g Erdbeeren, entstielt, halbiert

250 g Zucker

Für 8 Personen

Eiscreme

Die Vielfalt der Eiscremesorten ist heute kaum noch zu überbieten. Dieser Trend begann in den 1990ern, als Jon Snyder für einige der führenden Küchenchefs in New York erstmals spezielle Geschmacksrichtungen herstellte. Inzwischen ist Vanilleeis zur echten Rarität geworden. Im Craft werden Kuchen und Desserts eher mit Ahornsirupeis gekrönt, im Spice Market mit süßem Kondensmilcheis und im Babbo mit Honigeiscreme.

Nach dem Essen gehen die New Yorker aber auch gern einfach so ein Eis essen. In der Chinatown Ice Cream Factory stehen Sorten wie Ingwer, Litschi und Mandelplätzchen hoch im Kurs, im Cones in Greenwich Village schätzt man *dulce de leche* und Tiramisu. Institutionen wie das Hinsch's in der Upper East Side, Eggers Ice Cream Parlor in Staten Island und Eddie's Sweet Shop in Queens locken ihre Kunden mit Sodas und Milchshakes. Mark Thompson wiederum bereitet in der Brooklyn Ice Cream Factory beste Philadelphia-Eiscreme mit traditionellen Aromen wie Pfirsich und Vanille.

BLUEBERRY SORBET AND ICE CREAM WITH BROWN SUGAR COOKIES

Heidelbeersorbet und -eiscreme mit Knusperkeksen

Mit nur neunzehn Jahren gründete Jon F. Snyder 1984 das Ciao Bella, verkaufte es nach dreizehn Jahren wieder und eröffnete 2002 in der Lower East Side ein neues Eisgeschäft, das Il Laboratorio del Gelato. Hier bereitet er mit nur einer Eismaschine Eiscreme und Sorbet. Fruchteis stellt er möglichst ohne Eier her, damit der Fruchtgeschmack dominiert.

FÜR DAS SORBET

90 g Zucker

500 g Heidelbeeren

FÜR DIE EISCREME

150 ml Crème double

350 ml Sahne

125 g Zucker, plus 1 TL

1 TL Pfirsich- oder Aprikosenkonfitüre

300 g Heidelbeeren

FÜR DIE KEKSE

250 g Butter, raumtemperiert

220 g hellbrauner Zucker

½ TL Vanilleextrakt

325 g Mehl, plus mehr zum Bestauben

½ TL gemahlener Zimt

¼ TL Salz

2 EL Demerara-Zucker

Ergibt je 1 Liter Sorbet und Eiscreme und 30 Kekse

1 Für das Sorbet in einem Topf den Zucker mit 60 Milliliter Wasser bei mittlerer Hitze aufkochen. Dabei rühren, bis sich der Zucker gelöst hat. Den Sirup in einer Schüssel zugedeckt für mindestens 1 Stunde kalt stellen.

2 Die Heidelbeeren mit 2 Esslöffeln des gekühlten Sirups im Mixer fein pürieren. Davon 125 Milliliter abnehmen und beiseite stellen. Den Rest durch ein feinmaschiges Sieb in eine Schüssel abseihen und dabei mit einem Löffelrücken durchdrücken. Die zurückbehaltene Heidelbeermischung und den übrigen Sirup unterrühren. Zugedeckt über Nacht kalt stellen. Am nächsten Tag in einer Eismaschine nach Herstellerangabe gefrieren lassen. Das fertige Sorbet in einem Behälter zugedeckt ins Tiefkühlfach stellen.

3 Für die Eiscreme in einem Topf mit schwerem Boden Crème double, Sahne, Zucker und Konfitüre bei mittlerer Hitze etwa 10 Minuten köcheln (nicht kochen!) lassen, bis sich der Zucker gelöst hat. Durch ein feinmaschiges Sieb in eine Schüssel abgießen. Klarsichtfolie auf die Creme legen, damit sich keine Haut bildet. Über Nacht kalt stellen.

4 In einem flachen Behälter 50 Gramm Heidelbeeren für etwa 1 Stunde ins Tiefkühlfach stellen, bis sie gerade fest gefroren sind. Herausnehmen und grob hacken. In einer Schüssel mit 1 Teelöffel Zucker bestreuen und beiseite stellen. Die übrigen Heidelbeeren im Mixer fein pürieren. Durch ein feinmaschiges Sieb in eine Schüssel abseihen, dabei mit einem Löffelrücken durchdrücken. Die gekühlte Creme und die gehackten Heidelbeeren untermischen. In der Eismaschine nach Herstellerangabe gefrieren lassen. Die fertige Eiscreme in einen Behälter füllen und zugedeckt ins Tiefkühlfach stellen.

5 Für die Kekse den Backofen auf 165 °C vorheizen. Ein Backblech mit Backpapier auslegen. In einer Schüssel Butter und Zucker mit dem Handrührgerät (hohe Stufe) in etwa 3 Minuten schaumig rühren, danach den Vanilleextrakt unterrühren. In einer weiteren Schüssel Mehl, Zimt und Salz vermischen, mit dem Handrührgerät (niedrige Stufe) unter die Schaummasse rühren und zu einem glatten Teig verarbeiten.

6 Die Hände mit Mehl bestauben. 1 Esslöffel Teig abnehmen, mit den Händen zu einer Kugel formen, auf das Blech setzen und mit der Handfläche zu einem Kreis von 9 cm Durchmesser flach drücken. Mit dem übrigen Teig ebenso verfahren. Die Kekse großzügig mit Demerara-Zucker bestreuen. Im Ofen in etwa 30 Minuten goldgelb und knusprig backen. Aus dem Ofen nehmen, 5 Minuten auf dem Blech abkühlen lassen. Auf einem Kuchengitter vollständig auskühlen lassen.

7 Mit dem Eisportionierer Sorbet und Eiscreme in Dessertschalen verteilen. Mit den Keksen servieren.

BRIOCHE ROLLS
.95 Ea
PLU: 0246
Citarella

BANANA-WALNUT BREAD PUDDING

Brotauflauf mit Bananen und Walnüssen

Das traditionsreiche Dessert aus Brot vom Vortag (im Englischen als Pudding bezeichnet) kann von Restaurant zu Restaurant anders schmecken. In jüdischen delis *und einfacheren Lokalen ist der Auflauf oft sehr gehaltvoll und schwer. In teuren Restaurants wird er dagegen gern in kleinen Formen gebacken und als französisches* pain perdu *mit karamellisierten Früchten und* crème anglaise *serviert. Doch stets bevorzugt man für die Zubereitung feine Brioche und* challah *(siehe Seite 39), so auch für diese knusprige Variante mit herrlich weichem Innenleben.*

Butter für die Form

375 g altbackenes *challah* (Hefezopf, Seite 39), Brioche oder Weißbrot, in 2,5 cm große Würfel geschnitten, harte Rinde abgerieben

4 große Eier

125 g Butter, zerlassen

175 g weißer Zucker

175 g hellbrauner Zucker

2 TL gemahlener Zimt

½ TL frisch geriebene Muskatnuss

1 TL Meersalz

500 ml Sahne

500 ml Vollmilch

1 EL Vanilleextrakt

125 g Walnusskerne

500 g reife Bananen, geschält und in 2 cm dicke Scheiben geschnitten

Für 8 Personen

1 Den Backofen auf 180 °C vorheizen. Eine Souffléform oder eine andere runde Auflaufform (25 cm Durchmesser) leicht mit Butter einfetten.

2 Die Brotwürfel in eine große Schüssel geben. In einer weiteren Schüssel die Eier mit der Butter, beiden Zuckersorten, Zimt, Muskatnuss und Salz kräftig verrühren. Die Sahne, Milch und den Vanilleextrakt unterrühren. Gleichmäßig über die Brotwürfel gießen und vermischen. Etwa 10 Minuten stehen lassen, bis das Brot möglichst viel von der Flüssigkeit aufgesogen hat.

3 In der Zwischenzeit die Walnusskerne auf einem Backblech verteilen und im Ofen etwa 10 Minuten rösten, bis sie duften und leicht gebräunt sind. Auf einem Teller abkühlen lassen, anschließend grob hacken.

4 Die Walnüsse und Bananen vorsichtig unter die Brotmischung heben. Die Masse in die vorbereitete Form füllen. Im Ofen 70–80 Minuten backen, bis der Auflauf fest geworden und die Oberfläche goldbraun und leicht knusprig ist. Warm servieren.

Dazu einen süßen weißen Portwein reichen, etwa einen Goose Watch White Port von den Finger Lakes.

PROFITEROLES WITH MALTED ICE CREAM AND BITTERSWEET CHOCOLATE SAUCE

Profiteroles mit Eiscreme und Schokosauce

Als New Yorker Restaurants erstmals französische Bistro-Gerichte servierten, war dies der Anfang einer neuen Leidenschaft. Keith McNally ebnete den Weg. 1997 eröffnete er in einer eher unbedeutenden Gegend in Soho das Balthazar, 1999 folgte das Pastis im Meatpacking District und 2003 Schiller's Liquor Bar in der Lower East Side. Dieses Bistro-Dessert bekommt durch Malzeiscreme eine amerikanische Note.

FÜR DIE EISCREME

500 ml Crème double

250 ml Sahne

250 g Zucker

60 g Malzmilchpulver

1 EL Vanilleextrakt

1 Prise Salz

FÜR DIE PROFITEROLES

125 g Butter

1 EL Zucker

1 Prise Salz

150 g Mehl

4 große Eier

FÜR DIE SCHOKOSAUCE

250 g Zartbitterschokolade, sehr fein gehackt oder gerieben

175 ml Sahne

2 EL Butter

½ TL Vanilleextrakt

Für 6 Personen

1 Crème double, Sahne, Zucker, Malzmilchpulver, Vanilleextrakt und Salz für die Eiscreme in einer großen Schüssel verrühren. Zugedeckt für mindestens 2 Stunden oder über Nacht in den Kühlschrank stellen, bis die Mischung sehr kalt ist. In einer Eismaschine nach Herstellerangabe gefrieren lassen. In einen Behälter füllen, zugedeckt ins Tiefkühlfach stellen.

2 Für die Profiteroles den Backofen auf 220 °C vorheizen und ein Backblech mit Backpapier auslegen. In einem großen Topf mit schwerem Boden Butter, Zucker, Salz und 250 Milliliter Wasser bei starker Hitze aufkochen. Vom Herd nehmen und sofort das gesamte Mehl hinzugeben. Dabei ständig rühren, bis kein Mehl mehr sichtbar ist. Auf dem Herd bei mittlerer Hitze weiterrühren, bis sich der Teig von der Topfwand löst und zu einer Kugel zusammenballt. Vom Herd nehmen und in eine Schüssel umfüllen.

3 Mit dem Handrührgerät und Knethaken oder einem Holzlöffel den Teig 3–4 Minuten rühren, sodass er schneller abkühlt. 1 Ei in einer kleinen Schüssel verquirlen und vollständig in den abgekühlten Teig einarbeiten. Die übrigen Eier nacheinander ebenso dazugeben. Nach jedem Ei wird die Masse glänzend und trennt sich, doch durch kräftiges Rühren erhält man wieder eine weiche Masse. 10 Minuten ruhen lassen.

4 Den Teig in einen großen Spritzbeutel mit glatter Lochtülle (1 cm Durchmesser) füllen. Walnussgroße Portionen mit etwa 2,5 cm Durchmesser im Abstand von 5 cm auf das vorbereitete Blech spritzen.

5 Die Profiteroles 10 Minuten im Ofen backen. Die Temperatur auf 180 °C reduzieren und weitere etwa 25 Minuten backen, bis sie aufgegangen und goldbraun sind und sich fest anfüllen. Aus dem Ofen nehmen und auf dem Blech auf einem Kuchengitter abkühlen lassen.

6 Kurz vor dem Servieren die Schokolade für die Sauce in eine Schüssel geben. In einem kleinen Topf mit schwerem Boden die Sahne bei mittlerer bis niedriger Temperatur erhitzen, bis sich am Rand Blasen bilden. Den Topf vom Herd nehmen, die Butter einrühren und sie schmelzen lassen. Nach und nach die Sahne unter die Schokolade rühren, den Vanilleextrakt hinzufügen. Die Sauce leicht abkühlen lassen.

7 Mit einem Messer mit Wellenschliff die Profiteroles quer aufschneiden, aber nicht durchschneiden. Auf Teller setzen und mit je 1 kleinen Kugel Eiscreme füllen. Mit der noch warmen Schokosauce beträufeln und sofort servieren.

Dazu einen kräftigen Dessertwein reichen.

Tipp: Die ungefüllten Profiteroles kann man bis zu 1 Monat einfrieren. Vor der Verwendung bei 180 °C im vorgeheizten Ofen in 10–11 Minuten knusprig aufbacken.

DEVIL'S FOOD CUPCAKES WITH VANILLA BUTTERCREAM

Schokoladen-Muffins mit Buttercreme

Wer hätte bei all den eleganten Konditoreien gedacht, dass ausgerechnet Muffins zum Lieblingsdessert der New Yorker werden? Alles begann mit dem Cupcake Café in einer ansonsten italienischen Gegend in Hell's Kitchen, das wunderschön dekorierte Muffins verkauft. Doch unübertroffen bleibt die Magnolia Bakery.

1 Den Backofen auf 180 °C vorheizen. 12 Muffinförmchen mit Papierkapseln auskleiden oder leicht mit Butter einfetten.

2 In einer Schüssel das Kakao- und Espressopulver sowie den braunen Zucker gründlich mit dem heißen Wasser verrühren. Auf Raumtemperatur abkühlen lassen, Buttermilch und Vanilleextrakt einrühren. Beiseite stellen.

3 Butter und Zucker in einer großen Schüssel mit dem Handrührgerät (hohe Stufe) in 3–4 Minuten schaumig rühren. Die Eier nacheinander unterrühren. In einer weiteren Schüssel Mehl, Backpulver und Salz vermischen. Ein Drittel der Schokoladenmischung unter die Schaummasse heben, anschließend ein Drittel der Mehlmischung vorsichtig unterrühren. Auf diese Weise die übrige Schokoladen- und Mehlmischung hinzufügen, bis ein weicher Teig entstanden ist.

4 Den Teig gleichmäßig in die vorbereiteten Förmchen füllen. Im Ofen 15–18 Minuten backen (Garprobe mit einem Zahnstocher machen). Auf einem Kuchengitter auf Raumtemperatur abkühlen lassen.

5 Die Butter für die Buttercreme in einer Schüssel mit dem Handrührgerät (hohe Stufe) schaumig rühren. Die Eigelbe hinzugeben und erneut schaumig rühren. Vanilleextrakt, Salz und Puderzucker einarbeiten.

6 Die Muffins aus den Förmchen nehmen und mit einem Spatel gleichmäßig mit der Buttercreme bestreichen. Anrichten und servieren.

45 g bitteres Kakaopulver

2 TL Instant-Espressopulver

175 g hellbrauner Zucker

250 ml kochend heißes Wasser

125 ml Buttermilch

2 TL Vanilleextrakt

125 g Butter, raumtemperiert

185 g Zucker

2 große Eier, raumtemperiert

200 g Mehl

1½ TL Backpulver

½ TL Salz

FÜR DIE BUTTERCREME

250 g Butter, raumtemperiert

2 große Eigelbe

1 EL Vanilleextrakt

¼ TL Salz

250 g Puderzucker

Ergibt 12 Muffins

Schokolade

Die New Yorker sind Genießer, lieben Süßes und können guter Schokolade kaum widerstehen. In Greenwich Village etwa schaut man regelmäßig bei Li-Lac Chocolates vorbei. Vor dem lila gestrichenen Laden, der seit 1923 Süßwaren herstellt, stehen die Kunden zur Urlaubszeit Schlange, um feine Spezialitäten zu erstehen. In Morningside Heights drängen Studenten wie Lehrkräfte der Columbia University ins Mondel's Homemade Chocolates, seit 1944 in Familienbesitz, und kaufen Leckereien aus Schokolade.

Wer es besonders elegant liebt, favorisiert Trüffel und Konfekt von François Payard, dem einstigen Küchenchef im hoch geschätzten Daniel, der in seiner Konditorei in der East Side Schokolade verkauft. Jacques Torres, sein Protegé, hat in Brooklyn sogar ein »Haus der Schokolade« eingerichtet. Hier können die Kunden in aller Ruhe heiße Schokolade und gesalzene Karamellen mit Schokoladenüberzug genießen. Und die Chocolate Bar in Greenwich Village bietet sogar fünf verschiedene Schokoladen zum Probieren an.

RUSTIC APPLE TART

Rustikaler Apfelkuchen

Wenn die letzten Birnen und Trauben geerntet sind, besteht das Obstangebot auf den Bauernmärkten von November bis Mai nur aus Äpfeln. Über hundert Sorten aus dem Hudson River Valley, dem Lake Champlain Valley und vom Südufer des Lake Ontario stehen zur Auswahl. Eine dieser Sorten, Northern Spy, wurde 1800 in East Bloomfield in New York gezüchtet. Dieser Apfel eignet sich mit seinem säuerlichen Aroma ideal zum Backen und behält dabei seine Form. Für diesen rustikalen Kuchen können Sie aber auch Granny Smith oder Boskoop verwenden.

FÜR DEN TEIG

300 g Mehl, plus mehr zum Ausrollen

100 g Zucker

½ TL Salz

200 g gekühlte Butter, in Flöckchen

2 große Eigelbe

2 EL eisgekühltes Wasser, eventuell mehr

1,5 kg säuerliche Äpfel (siehe Einleitung), geschält, Kerngehäuse entfernt, in 1 cm dicke Scheiben geschnitten

Frisch gepresster Saft von ½ Zitrone

175 g Zucker

½ TL Salz

½ TL gemahlener Zimt

1 Prise frisch geriebene Muskatnuss

4 EL Mehl

1 großes Eigelb, mit 1 EL Sahne verrührt

Grober Zucker zum Bestreuen

2 EL Butter, in Flöckchen

Ergibt 8 Stücke

1 Für die Teigzubereitung von Hand in einer großen Schüssel Mehl, Zucker und Salz vermischen. Die Butter darüber verteilen und alles mit zwei Messern zu groben Krümeln zusammenhacken. In einer kleinen Schüssel die Eigelbe mit 2 Esslöffeln Eiswasser verrühren, über die Mehlmischung gießen und mit einer Gabel einarbeiten, bis der Teig zusammenhält. Falls nötig, mehr Wasser hinzugießen. Alternativ den Teig in der Küchenmaschine herstellen. Dafür Mehl, Zucker und Salz in der Maschine vermischen, dann die Butter einarbeiten. Die Eigelbe und 2 Esslöffel Eiswasser in einer kleinen Schüssel verrühren, zur Mehlmischung gießen und nur leicht untermixen. Falls nötig, tropfenweise mehr Wasser hinzufügen.

2 Den Teig auf ein Stück Klarsichtfolie legen und zu einer 2 cm dicken, runden Platte formen. Fest in die Klarsichtfolie einwickeln und für 1 Stunde oder über Nacht kalt stellen.

3 Den Backofen auf 180 °C vorheizen. Ein Backblech mit Backpapier auslegen. In einer Schüssel die Äpfel mit dem Zitronensaft, Zucker, Salz, Zimt, Muskat und 2 Esslöffeln Mehl gründlich vermischen.

4 Den Teig auf einer leicht bemehlten Arbeitsfläche zu einem Kreis von 28–30 cm Durchmesser und etwa 5 mm Dicke ausrollen. Dabei das Nudelholz mit Mehl bestauben, damit nichts kleben bleibt. Den Teig auf das Nudelholz rollen und auf dem vorbereiteten Blech wieder abrollen. Mit den restlichen 2 Esslöffeln Mehl bestreuen, dabei aber einen 5 cm breiten Rand frei lassen. Die Apfelmischung in die Mitte häufen. Den Rand locker über die Apfelfüllung klappen und in gleichmäßigen Abständen »fälteln« (siehe Foto). Den umgeklappten Teigrand mit der Eiersahne bestreichen und mit dem groben Zucker bestreuen. Die Butterflöckchen auf die Füllung setzen.

5 Den Kuchen 50–60 Minuten im Ofen backen, bis die Äpfel weich sind (mit einem Messer einstechen) und der Teig eine goldbraune Farbe hat. In Stücke schneiden und warm servieren.

SWEET POTATO PIE WITH MAPLE WHIPPED CREAM

Süßkartoffelkuchen mit Schlagsahne

Harlem, im 17. Jahrhundert von holländischen Siedlern gegründet, entwickelte sich in den 1920ern zur afroamerikanischen Enklave. Seit den 1980er-Jahren erlebt Harlem eine Renaissance. Touristen kommen wegen der historischen Architektur und besuchen Restaurants wie Sylvia's, Miss Mamie's Spoonbread Too. Zu den servierten Spezialitäten gehört auch dieser Kuchen.

1 Für die Teigzubereitung von Hand in einer großen Schüssel Mehl und Salz vermischen. Butter und Backfett darüber verteilen und mit zwei Messern zu groben Krümeln zusammenhacken. 2 Esslöffel Eiswasser über die Mehlmischung träufeln und mit einer Gabel einarbeiten, bis der Teig zusammenhält. Falls nötig, mehr Wasser hinzugießen. Alternativ den Teig in der Küchenmaschine herstellen. Dafür Mehl und Salz in der Maschine vermischen, dann Butter und Backfett einarbeiten. 2 Esslöffel Eiswasser dazugießen und nur leicht untermixen. Falls nötig, tropfenweise mehr Wasser hinzufügen.

2 Den Teig auf ein Stück Klarsichtfolie legen und zu einer 2 cm dicken, runden Platte formen. Fest in die Klarsichtfolie einwickeln und für 1 Stunde oder über Nacht kalt stellen.

3 Für die Füllung in einem großen Topf Wasser bei starker Hitze zum Kochen bringen. Die Süßkartoffeln darin in etwa 30 Minuten sehr weich garen. Abgießen, gut abtropfen lassen und zum Abkühlen beiseite stellen. Anschließend durch ein grobes Sieb in eine große Schüssel passieren oder im Mixer pürieren. Bis zur Verwendung zugedeckt kalt stellen.

4 Auf einer leicht bemehlten Arbeitsfläche den Teig zu einem Kreis von 30 cm Durchmesser und 3 mm Dicke ausrollen. Mit dem Nudelholz aufrollen und in einer Pieform (23 cm Durchmesser) wieder abrollen, Boden und Rand damit auskleiden. Den Teigrand so zurechtschneiden, dass 2 cm über den Formrand reichen. Diesen überhängenden Rand einrollen und mit den Händen festdrücken. Den Teigboden für 30 Minuten kalt stellen.

5 Den Backofen auf 180 °C vorheizen. Den Teig mit Alufolie bedecken und zum Blindbacken mit getrockneten Bohnen beschweren. Im Ofen etwa 15 Minuten backen. Alufolie und Bohnen entfernen und weitere 5 Minuten backen, bis der Teig fest ist.

6 Zur Fertigstellung der Füllung die Sahne, Eier, Ahornsirup und Vanilleextrakt unter die Süßkartoffeln rühren. In einer kleinen Schüssel Zucker, Mehl, Salz, Ingwerpulver, Zimt und Muskat vermischen und gründlich in die Süßkartoffelmasse einarbeiten. Die Füllung auf dem warmen Teigboden verteilen. Den Kuchen 50–60 Minuten backen, bis die Füllung am Rand zwar fest ist, in der Mitte aber bei Bewegung noch leicht wabbelt. Auf einem Kuchengitter auskühlen und fest werden lassen.

7 Die Sahne mit dem Ahornsirup in einer gekühlten Schüssel mit dem Handrührgerät (hohe Stufe) nicht zu steif schlagen. Zum Servieren den Kuchen in Stücke schneiden und je 1 Klecks Schlagsahne daraufsetzen. Nach Belieben mit etwas Muskat bestreuen.

FÜR DEN TEIG

315 g Mehl

1 TL Salz

250 g kalte Butter, in Flöckchen

60 g pflanzliches Backfett

2 EL eisgekühltes Wasser

750 g Süßkartoffeln mit orangefarbenem Fleisch, geschält und in Stücke geschnitten

250 ml Sahne

3 große Eier, leicht verquirlt

60 ml Ahornsirup

1 TL Vanilleextrakt

250 g Zucker

1 EL Mehl

1 TL Salz

Je ½ TL Ingwerpulver und gemahlener Zimt

¼ TL frisch geriebene Muskatnuss, plus mehr zum Bestreuen (nach Belieben)

250 ml Sahne

2 EL Ahornsirup

Ergibt 8 Stücke

GLOSSAR

ÄPFEL Siehe Seite 109.

ASIATISCHES CHILIÖL Dieses unverzichtbare Würzmittel der asiatischen Küchen erfreut sich auch im Westen wachsender Beliebtheit. Es wird aus getrockneten Chiliflocken und erhitztem Erdnuss- oder Maiskeimöl hergestellt. Einige Spritzer verleihen vielen Pfannengerichten ein würziges Aroma. Beim Lagern wird das Öl noch schärfer. Man bekommt es in asiatischen Supermärkten.

ASIATISCHES SESAMÖL Das duftende bernsteinfarbene Öl gewinnt man aus gerösteten Sesamsamen. Es wird vor allem in Japan, Korea und China als aromatische Würze verwendet.

BALSAMESSIG Der Essig aus dem italienischen Modena wird aus unfermentiertem Traubenmost der Trebbiano-Traube bereitet und reift 1 bis über 75 Jahre. Jüngeren Essig verwendet man für Salat-Dressings und zum Glasieren von Speisen. Der lange gereifte, teurere Essig ist dickflüssiger und dient in kleinen Mengen zum Würzen. Weißer Balsamessig aus noch nicht karamellisiertem Most verändert die Farbe von Dressings und Saucen nicht. Man bekommt ihn in gut sortierten Supermärkten.

BÄRLAUCH Die hocharomatische Gewürz- und Gemüsepflanze ist eng mit dem Knoblauch verwandt. Bärlauch wächst wild in feuchten Laubwäldern und wird im Frühjahr vor der Blüte geerntet. Als Ersatz eignen sich Frühlingszwiebeln oder junger Lauch. Bärlauch bekommt man auf Bauernmärkten und in Gemüseläden. Sein nordamerikanischer Verwandter heißt *Ramp.*

BLÄTTERTEIG Dieser lockere Teig wird aus vielen Schichten Butter und Teig hergestellt, die beim Backen zu dünnen, knusprigen Teigblättern aufgehen. Blätterteig bekommt man in den meisten Supermärkten tiefgekühlt oder frisch.

BOHNEN Frische Bohnen teilt man in zwei Gruppen: grüne Bohnen und Bohnen zum Palen.

GRÜNE BOHNEN: Sie werden im Ganzen (Samen und Hülse) verzehrt. Sie haben einen mild-frischen Geschmack. Achten Sie beim Kauf auf makellose, pralle, gleichmäßig grüne Schoten.

BOHNEN ZUM PALEN: Man bekommt sie im Frühjahr und Sommer auf Bauernmärkten und in guten Gemüseläden. Verzehrt werden nur die Bohnenkerne, die Hülsen wirft man weg. Sehr begehrt sind Adzukibohnen, Flageolet, Limabohnen und Dicke Bohnen. Die besonders beliebten Dicken Bohnen haben einen leicht bitteren Geschmack.

BUTTERNUSSKÜRBIS Dieser große, lange Winterkürbis ist am unteren Ende birneartig verdickt. Er besitzt eine beigefarbene Schale und orangegelbes Fleisch.

SAMEN ENTFERNEN: Den Kürbis mit einem großen, scharfen Messer halbieren. Ist die Schale sehr hart, das Messer in den Kürbis stechen und mit einem Fleischklopfer vorsichtig daraufschlagen. Mit einem Löffel oder Kugelausstecher sämtliche Samen und Fasern herauskratzen.

CALVADOS In Eichenfässern gereifter Apfelbranntwein aus Nordfrankreich, wo man Äpfel in reicher Fülle erntet. Benannt ist er nach einem französischen Département.

CHICORÉE Auch als Salatzichorie oder Brüsseler Endivie bekannt. Bildet gelblich weiße (oder rot geränderte) ovale Sprosse, die leicht bitter schmecken. Wird Chicorée dem Licht ausgesetzt, nimmt der bittere Geschmack zu. Nach dem Kauf im Kühlschrank aufbewahren und innerhalb eines Tages verwenden.

CHILIS Nach jahrhundertlangem Anbau kennen wir heute einige hundert Chilisorten. Sie gedeihen in heißem Klima, besonders in tropischen Regionen, und können groß oder winzig, mild oder feurig scharf, rot oder grün sein.

JALAPEÑO: Der dickfleischige Jalapeño schmeckt leicht scharf bis feurig. Er ist meist grün, manchmal auch rot und 5–10 cm lang. Im Handel bekommt man ihn frisch, in Dosen oder eingelegt. Er kann statt Serrano- oder Thai-Chili verwendet werden. 2 bis 3 Jalapeños ersetzt man durch 1 Habanero- oder Scotch-Bonnet-Chili.

SCOTCH-BONNET: Dieser äußerst scharfe, runde Chili ist mit 2,5–4 cm Länge kleiner als der Habanero. Frische Exemplare sind grün, gelb, orange oder rot.

CHINESISCHE EIERNUDELN Sie ähneln frischer italienischer Pasta und bestehen aus einem Teig aus Weizenmehl, Eiern und Salz. Die Größe der Nudeln variiert, man bekommt sie getrocknet oder frisch. Manchmal enthalten sie künstliches Eieraroma (siehe Packungsaufschrift).

FELDSALAT Geerntet wird Feldsalat (auch Rapunzel oder Ackersalat genannt) im zeitigen Frühjahr. Er wächst in kleinen losen Blattrosetten und hat einen milden Geschmack.

FENCHEL Knolle, Stängel und gefiederte Blätter des Gemüsefenchels haben einen süßen, anisartigen Geschmack und können roh oder gegart verzehrt werden.

FETA Der beliebte Frischkäse aus dem östlichen Mittelmeerraum wird traditionell aus Schafmilch erzeugt und in Salzlake eingelegt. Man schätzt ihn wegen seines angenehm salzigen Geschmacks und der leicht krümeligen, manchmal auch cremigen Textur. Für Feta aus Amerika, Australien, Dänemark und Deutschland wird oft Kuhmilch verwendet, doch gibt es auch Feta aus Schafmilch.

FILO- ODER PHYLLOTEIG Die großen, papierdünnen Teigblätter ergeben beim Backen blättrige Schichten. Man verwendet sie vor allem für Gerichte aus dem Nahen Osten und Griechenland.

FOIE GRAS Die fettreiche Stopfleber von gemästeten Gänsen oder Enten ist ein Klassiker der französischen Küche. Sie wird vorwiegend in Frankreich, inzwischen aber auch in New York und Kalifornien produziert. In Deutschland ist das Mästen von Gänsen und Enten verboten. Gute *foie gras* ist gleichmäßig beige, hat eine glatte, eher feste Oberfläche und sollte frisch riechen.

GRAND MARNIER Likör auf Weinbrandbasis mit ausgeprägtem Orangengeschmack.

GURKEN-PICKLES Für diese beliebten salzig-süßen Pickles werden ungeschälte Einlegegurken in dünne Scheiben geschnitten und in Salzlake mit Zwiebeln, Senfsamen, Selleriesamen, Gewürznelken, Kurkuma und Zucker eingelegt.

HARISSA Die würzig-aromatische Sauce aus Nordafrika besteht aus Chilis, Knoblauch, Gewürzen (etwa Koriander und Kümmel) sowie Olivenöl. Man würzt damit viele Speisen, auch Eintopfgerichte und Suppen. Verkauft wird *Harissa* in Gläsern oder Dosen in gut sortierten Supermärkten.

KAMMMUSCHEL – ATLANTISCHER TIEFSEE- ODER BAY SCALLOP Aus Sicht der Feinschmecker die beste aller Kammmuscheln; Durchmesser des Muskels 1,2–3 cm, zart süß im Geschmack. Sie kommen nur in einem kleinen Gebiet an der Atlantikküste der USA vor und werden auf den regionalen Fischmärkten von Oktober bis März angeboten. Als Ersatz eignen sich Jakobsmuscheln.

KNOLLENSELLERIE Auch als Wurzelsellerie bekannt, wird in ganz Europa angebaut. Die aromatischen Knollen haben einen intensiveren Geschmack als Bleichsellerie. Das weißliche Fleisch unter der braunen Schale verwendet man roh geraspelt für Salate oder gegart für Suppen oder Püree.

MALZMILCHPULVER Hierbei handelt es sich um eine Mischung aus Vollmilchpulver und Malzzucker aus Gerste. Das Pulver wird traditionell in Desserts verwendet und ist in gut sortierten Supermärkten erhältlich.

MASCARPONE Italienischer Frischkäse aus süßer Sahne, mild im Geschmack, cremig weich in der Konsistenz. Mascarpone bekommt man in der Käseabteilung der meisten Supermärkte. Er findet in süßen und pikanten Gerichten Verwendung.

MATZENMEHL Ein feinkörniges Mehl aus vermahlenen Matzen, ungesäuertem jüdischem Weizenbrot. Das Mehl ist die Hauptzutat für Matzenbällchen. Es dient außerdem zum Backen, zum Panieren frittierter Speisen und zum Eindicken.

MIRIN Süßer Kochwein der japanischen Küche. Er wird aus fermentiertem Klebreis und Zucker erzeugt. Mit dem hellgoldenen, dickflüssigen Wein verleiht man vor allem Saucen und Dressings einen reichen Geschmack und schönen Glanz.

MISO Die dicke, aromatische Paste besteht aus fermentierten gegarten Sojabohnen, Weizen oder Reis und Salz. Am bekanntesten sind das kräftige rote *Miso (aka miso)* und das mildere weiße *Miso (shiro miso)*. In der japanischen Küche dient *Miso* vorwiegend zum Würzen. Man bekommt es in Asialäden und guten Supermärkten.

MORCHEL Der aromatische Speisepilz besitzt einen ovalen Hut, der von tiefen Furchen durchzogen ist. Da sich in den Furchen leicht Schmutz und Steinchen festsetzen, werden Morcheln vor der Verwendung kurz in kaltem Wasser mit etwas Essig eingeweicht, abgegossen und mit Küchenpapier trockengetupft.

MUSCHEL-»WASSER« Die Flüssigkeit, die beim Auslösen von Muscheln, insbesondere Venusmuscheln, aufgefangen wird, schmeckt erfrischend salzig. Man bekommt sie in der Fischabteilung gut sortierter Supermärkte.

PANCETTA Dieser würzige italienische Speck wird nicht geräuchert, sondern nur mit Salz und anderen Gewürzen eingerieben und in fest verschlossenen Zylindern mindestens 2 Monate gelagert. *Pancetta* hat eine feucht-seidige Textur und ist in italienischen Feinkostläden erhältlich.

PAPRIKAPULVER, UNGARISCHES Das beliebte Gewürz aus gemahlenen getrockneten Paprikaschoten schmeckt süß bis leicht oder sehr scharf. Seine Farbe variiert zwischen Orangerot und Tiefrot. Produziert wird Paprikapulver in Ungarn, Spanien sowie Südamerika und Kalifornien, doch das ungarische Original gilt immer noch als das beste.

PASTETE Meist handelt es sich um eine reichhaltige Mischung aus gehacktem (durchgedrehtem) Fleisch vom Schwein, Kalb oder Kaninchen sowie Hühnerleber oder *foie gras*. Manche Mischungen sind besonders fein, andere rustikaler, und wieder andere enthalten eine Vielzahl zusätzlicher Zutaten.

PECORINO ROMANO Ein angenehm salziger italienischer Schafkäse mit körniger Konsistenz. Er wird bevorzugt gerieben oder gehobelt.

PERLZWIEBELN Die scharfen kleinen Zwiebeln von etwa 2 cm Durchmesser gibt man gern im Ganzen an Schmorgerichte oder bereitet daraus Pickles.

PERLZWIEBELN SCHÄLEN: Die Zwiebeln für etwa 1 Minute in kochendes Wasser legen, abtropfen und etwas abkühlen lassen. Mit einem kleinen, scharfen Messer die Wurzelenden wegschneiden und die Zwiebeln mit den Fingern aus der Schale drücken.

PFIFFERLINGE Die aromatischen leuchtend gelben Wildpilze haben einen trompetenförmigen Hut und sind 5–7,5 cm lang. Sie werden inzwischen auch kultiviert.

PINIENKERNE Die kleinen, blassen Samen bestimmter Kiefernarten haben einen intensiv süßharzigen Geschmack. Sie werden häufig in den Küchen Südeuropas und des Nahen Ostens verwendet, etwa für Salate, Füllungen und Saucen, aber auch für Backwaren und Desserts.

POLENTA Als Polenta bezeichnet man sowohl die italienische Spezialität aus Maisgrieß, der in reichlich Flüssigkeit zu einem dicken Brei gekocht wird, als auch den verwendeten Maisgrieß. Der Grieß kann gelb oder weiß sowie grob oder fein gemahlen sein. Die klassische Polenta bereitet man allerdings aus grobem gelbem Maisgrieß.

QUITTEN Siehe Seite 119.

RADICCHIO Diese rotviolette Salatpflanze bildet kleine Köpfe und hat feste, leicht bittere Blätter. Radicchio wird roh und gedünstet verzehrt. Man bekommt ihn auf Wochenmärkten, in Gemüseläden und vielen Supermärkten.

RHABARBER Bei den rötlich grünen Stangen des Rhabarbers handelt es sich botanisch um ein Gemüse, doch verwendet man Rhabarber vorzugsweise für Kuchen und Marmelade. Roher Rhabarber ist ungenießbar, aber mit Zucker gekocht entfaltet er einen reizvollen Geschmack. Die Stangen enthalten Oxalsäure, die bei empfindlichen Menschen Magen-Darm-Probleme bewirken kann.

RINDERMARKKNOCHEN Obwohl Rindermark als eigenständige Delikatesse geschätzt wird, verwendet man auch die Knochen für reichhaltige Brühen, Suppen, Eintopfgerichte oder Saucen. Meist stammen die Knochen vom Bein, mitunter auch vom Rückgrat. Man bekommt sie beim Metzger.

ROCHEN Die großen Fische werden im Frühjahr und Herbst im Nordostatlantik gefangen. Das Fleisch der »Flügel« ist leicht süß, hell und fest und verströmt einen unverwechselbaren Ammoniakgeruch. Darum legt man es vor der Verwendung in Wasser mit etwas Essig, Zitronen- oder Limettensaft ein.

SAKE Der beliebte klare japanische Reiswein mit dem trockenen Aroma wird ähnlich wie Bier gebraut. Man verwendet *Sake* zum Kochen oder serviert ihn als anregendes Getränk zu einer Mahlzeit.

SOFTSHELL CRABS Blaukrabben haben einen harten Panzer, den sie vor der Geschlechtsreife mehrmals wechseln. Direkt nach dem Panzerwechsel ist der neue Panzer noch ganz weich, darum werden die Krabben in diesem Stadium als *Softshell Crabs* bezeichnet. Sie sind von Frühjahr bis Anfang Herbst erhältlich und werden mit dem Panzer verzehrt.

STÄNGELKOHL Das leicht bittere Gemüse ist mit der weißen Rübe verwandt. Auf den langen, dünnen Stängeln sitzen kleine gelbliche Blütenköpfe, die schlanken Blätter sind gezackt. In Italien heißt das Gemüse *cime di rapa.*

STERNANIS Die sternförmige Samenkapsel eines immergrünen Baumes aus China hat einen anisartigen, leicht bitteren Geschmack. In den acht Spitzen der Kapsel sitzt je ein rotbrauner Samen.

TAHIN Die cremige Paste aus gemahlenen Sesamsamen hat einen »warmen« Sesamgeschmack und eine feine Konsistenz. *Tahin* wird in Gläsern oder Dosen angeboten. Nach dem Öffnen muss man die Paste gut durchrühren. Im Kühlschrank hält sie sich bis zu 2 Monate.

TOMATEN Die beliebten Früchte eines Nachtschattengewächses bekommt man in unterschiedlichen Größen und Farben. Sie werden roh und gegart verzehrt.

TOMATEN ENTHÄUTEN UND SAMEN ENTFERNEN: Die Tomaten am unteren Ende kreuzförmig einritzen. Für etwa 30 Sekunden in kochendes Wasser legen, bis sich die eingeritzte Haut einrollt. In Eiswasser abschrecken, die Haut abziehen. Die Tomaten quer halbieren, die Hälften leicht zusammendrücken und dabei die Samen herausdrücken.

TOPINAMBUR Diese nährstoffreiche Knolle ist in Nordamerika beheimatet und sieht wie eine kleine, buckelige Kartoffel aus. Ihr zarter Geschmack erinnert an Artischocke, jedoch sind die beiden Gemüse botanisch nicht verwandt. Topinambur ist auch als Erd- oder Jerusalemartischocke bekannt.

TROCKENPFLAUMEN Das beliebte Trockenobst wird vorwiegend aus der D'Agen-Pflaume hergestellt, die man seit Jahrhunderten im Distrikt Agen bei Bordeaux anbaut. Trockenpflaumen gibt man gern an pikante Fleischgerichte.

TRÜFFELN/TRÜFFELÖL In bestimmten Regionen Frankreichs und Italiens wachsen die hocharomatischen Pilze versteckt unter der Erde. Sie werden von Chefköchen und Gourmets weltweit geschätzt. Trüffelöl verleiht Salaten, Pasta und vielen anderen Gerichten ein wunderbares Aroma. Extranatives Olivenöl wird dafür mit der Essenz weißer Trüffeln aus dem Piemont aromatisiert. Um das Aroma zu bewahren, gibt man Trüffelöl erst kurz vor dem Servieren an die heißen Speisen.

VENUSMUSCHELN Eine besonders artenreiche Familie, die in allen Meeren und an allen Küsten der Welt vertreten ist. Die Muscheln sind leicht verderblich, deshalb nur ganz frische Exemplare bei einem vertrauenswürdigen Fischhändler kaufen. Auf einem kleinen Tablett oder in einem flachen Behälter, mit einem feuchten Tuch bedeckt, kann man sie im Kühlschrank aufbewahren, aber nie länger als 2 Tage. Sofort zubereitet und verzehrt, schmecken sie natürlich am besten. In den USA wird die Ostamerikanische Venusmuschel oder Quahog je nach Handelsgröße unterschiedlich bezeichnet.

CHERRYSTONE: Hierbei handelt es sich um 7,5 cm große Quahogs aus dem Atlantik. Sie schmecken sowohl roh als auch gegart köstlich.

LITTLENECK: Atlantische Littlenecks sind mit etwa 5 cm Durchmesser die kleinsten Quahogs. Sie schmecken angenehm süß und werden gern roh oder kurz gegart verzehrt. Bei den größeren Littlenecks aus dem Pazifik handelt es sich um eine andere Art. Sie können roh leicht zäh sein und müssen gedämpft werden.

MANILA CLAM: So nennt man in den USA die Japanische Teppichmuschel. Die kleinen, süß schmeckenden Muscheln werden vor der amerikanischen Pazifikküste gezüchtet und meist schon mit 2,5 cm Durchmesser geerntet. Man serviert sie roh oder gedämpft.

QUAHOG: Der Name ist indianischen Ursprungs. Diese zwischen 4 und 13 cm großen Muscheln sind nicht ganz so süß wie die kleineren Exemplare. Sie werden oft für Suppen und Eintopfgerichte verwendet.

ZWIEBELN, SÜSSE Die meisten frischen Zwiebeln sind herrlich süß und saftig, doch bestimmte Sorten besitzen eine außergewöhnliche Süße und Saftigkeit. Diese milden Zwiebeln werden nach ihrer Anbauregion benannt. Da sie einen speziellen Boden und geeignetes Klima benötigen, würden sie in einem anderen Gebiet ihren charakteristischen süßen Geschmack verlieren. In den USA schätzt man besonders Vidalia-Zwiebeln aus Georgia und Walla-Walla-Zwiebeln aus Washington.

BEZUGSQUELLEN

HUNTER & HILSBERG

Gourmet-Artikel aus der Gegend um New York.

Tel.: +49-(0)30-84708484
Fax: +49-(0)30-84708485
www.hunterhilsberg.com

DANEL FEINKOST

Koschere Delikatessen und Lebensmittel.

Tel.: +49-(0)89-669888
Fax: +49-(0)89-669820
www.koscher.net

DEUTSCHE SEE – FISCHMANUFAKTUR

Frischer Fisch und Meeresfrüchte in großer Auswahl.

Tel.: +49-(0)47-11301
Telefax: +49-(0)47-1131400
www.deutsche-see.de

ASIAAROUND

Diverse asiatische Lebensmittel.

Tel.: +49-(0)40-4305451
Fax:. +49-(0)40-43291817
www.asiaaround.de

GOURMONDO- TASTE THE WORLD

Eine große Auswahl an internationalen Spezialitäten.

Tel.: +49-(0)1805-468766
Telefax: +49-(0)89-92185116
www.gourmondo.de

CANELLAS

Spezialist für Obst, Gemüse, Eier- und Milchprodukte, getrocknete Früchte und Kräuter.

Tel.: +49-(0)69-6786730
Fax: +49-(0)69-67867318
www.canellas.de

DIE WEIN-LINK-SAMMLUNG IM WWW

Hier finden sie Links zu amerikanischen Weingütern.

www.weinimwww.de

REGISTER

Kursiv gesetzte Begriffe und/oder Seitenzahlen beziehen sich auf Warenkunde und Sachinformationen, gerade gesetzte auf den gesamten Rezeptteil.

DANKSAGUNG

Carolynn Carreño bedankt sich bei ihrem Agenten Janis Donnaud. Bei Weldon Owen Publishing möchte sie Hannah Rahill danken, die ihr ermöglichte, an solch einem anspruchsvollen Projekt arbeiten zu können, sowie Kim Goodfriend, deren Geduld, editorisches Verständnis und großartiges Feedback maßgeblich dazu beigetragen haben, das Buch so gut wie möglich zu gestalten. Ihr Dank gilt außerdem Christian Albin, Andy Arons, Daniel Boulud, Jimmy Bradley, Bruce und Eric Bromberg, John Doherty, Peter Hoffman, Sharon Lebewohl, Stanley Lobel, der Familie Maccione, Waldy Malouf, Max McCalman, Rick Moonan, Julian Nicolini, Abram Orwasher, David Page, Bob Ransom, Mary Redding, Marcus Samuelsson, Jon F. Snyder, Bill Telepan, Jonathan Waxman, Eli Zabar, den Leuten bei Ess-a-Bagel, Murray's Cheese Shop sowie Lombardi's Pizza, die sich Zeit genommen und wichtige Tipps und Hinweise gegeben haben.

Weldon Owen und das Fotografenteam, einschließlich Quentin Bacon und George Doles, möchten sich bei den Besitzern und Beschäftigten der Restaurants, Bäckereien, Geschäfte und anderen Einrichtungen bedanken, die an diesem Projekt mitgearbeitet haben: 2nd Ave Deli; 9th Avenue International Market; Artisanal Fromagerie & Bistro; Balthazar; Bar Jamon; Barney Greengrass; Bierkraft; Bill Telepan vom früheren JUdson Grill; Billy's Bakery; Bruce Bromberg und Eric Bromberg vom Blue Ribbon Restaurant und dem Team der Blue Ribbon Bakery; Café Angelique; Café Gitane; Ceci-Cela Patisserie; Chocolate Bar; Christian Albin und Julian sowie den Beschäftigten im Four Seasons Restaurant; City Bakery; Cupcake Café; Daniel Boulud und dem Team von Daniel und dem Café Boulud; DiPalo's Italian Deli; The Donut Plant; Ear Inn; Eli Zabar und dem Team der Vinegar Factory, E.A.T. und Eli's Bread; Ess-a-Bagel; Faicco's (Italian Deli); Felix; Ferrara Gelati; Fischer Brothers & Leslie; Florent; Giorgione; Gramercy Tavern; Grand Central Market; Grimaldi's Pizza; Hallo Berlin Sausages; Havana-Chelsea Restaurant; Jacques Torres Chocolates; Jean Georges Vongerichten und dem Team von Jean Georges; Jimmy Bradley vom Red Cat; John Doherty von Oscar's American Brasserie im Waldorf-Astoria; John's Pizza; Jon F. Snyder vom Laboratorio di Gelato; Jonathan Waxman und dem Team vom Barbuto; Junior's; Katz's Delicatessen; Kelly und Ping Noodle Shop; Kossar's Bialys; Luna Restaurant; der Familie Maccione von der Osteria del Circo und Le Cirque 2000; Mario Batali und dem Team von Babbo, Lupa und Otto Enoteca; Marcus Samuelsson vom Aquavit; Mary Redding und dem Team von Mary's Fish Camp; Meet Café; Moishe's Second Avenue Home Made Bakery; Moshe's Falafel; Nobu; Once Upon A Tart ...; The Palm Steakhouse; Pastis; Peter Hoffman vom Savoy Restaurant; Peter Luger's; Poseidon Greek Bakery; Relish; Rick Moonen vom RM Restaurant; Schiller's Liquor Bar; Sea Breeze Fischmarkt; Smith & Wollensky; Sylvia's Restaurant; Michael Romano vom Union Square Café; Union Square Greenmarket; Veselka Coffee Shop; Vintage New York; Waldy Malouf vom Beacon Restaurant; Yonah Schimmel's Knishery. Ganz besonderer Dank gilt dem Team von Murray's Cheese Shop, das sich große Mühe gegeben hat, hervorragenden regional erzeugten Käse bereitzustellen. Außerdem möchte das Team dem Foreign Cinema Restaurant und dem Universal Café in San Francisco danken.

Weldon Owen möchte zudem den folgenden Personen für ihre freundliche Unterstützung danken: Desne Ahlers, Ken DellaPenta, Harriet Docker, Judith Dunham, Jean-Blaise Hall, Nigel James, Ashley Johnson, Denise Santoro Lincoln, Louise Mackaness, Andrea Meyer, Paul Moore, Joan Olson und Leon Yu.

BILDNACHWEIS

Sämtliche Fotos von Quentin Bacon außer:
Paul Moore: Schutzumschlag (vorne, unten)
©PictureNet/CORBIS: Schutzumschlag (vorne, oben)
Bruce Stoddard/Getty Images: Vorsatz/Nachsatz

ABBILDUNGEN

Sie finden die besonderen Örtlichkeiten und Restaurants auf den angegebenen Seiten und die Koordinaten auf der Karte Seite 30–31.

Aus dem Englischen übersetzt von Natascha Afanassjew
Redaktion: Inken Kloppenburg Verlags-Service, München
Korrektur: Petra Tröger
Umschlaggestaltung: Horst Bätz, München
Satz: Fotosatz Völkl, Türkenfeld

www.christian-verlag.de

Die Originalausgabe mit dem Titel *New York – Authentic Recipes Celebrating the Foods of the World* erschien erstmals 2005 bei Oxmoor House, U.S.A.
Die Reihe *Entdecken & Genießen* wurde konzipiert und produziert von Weldon Owen Inc., San Francisco, in Zusammenarbeit mit Williams-Sonoma Inc., San Francisco.

Design: Alison Fenton, Rachel Lopez
Foodstyling: George Dolese
Mitarbeit Styling: Elisabet der Nederlanden
Karten: Bart Wright

Druck und Bindung: Tien Wah Press, Singapore
Printed in Singapore

ISBN 3-88472-691-9